墨香财经学术文库

"十二五"辽宁省重点图书出版规划项目

China's Financial Risk
Assessment and Forecast in the View of Big Data

徐晓飞 ◎ 著

基于大数据视角的中国金融风险评估与预测

东北财经大学出版社
Dongbei University of Finance & Economics Press
大连

图书在版编目（CIP）数据

基于大数据视角的中国金融风险评估与预测 / 徐晓飞著. —大连：东北财经大学出版社，2022.6
（墨香财经学术文库）
ISBN 978-7-5654-4586-6

Ⅰ.基… Ⅱ.徐… Ⅲ.数据处理-应用-金融风险-风险评价-研究 Ⅳ.F830.9-39

中国版本图书馆CIP数据核字（2022）第131151号

东北财经大学出版社出版发行
大连市黑石礁尖山街217号 邮政编码 116025
网 址：http：//www.dufep.cn
读者信箱：dufep @ dufe.edu.cn
大连永盛印业有限公司印刷

幅面尺寸：170mm×240mm 字数：107千字 印张：8 插页：1
2022年6月第1版 2022年6月第1次印刷
责任编辑：孙 平 责任校对：吴 奂
封面设计：冀贵收 版式设计：原 皓
定价：42.00元

教学支持 售后服务 联系电话：（0411）84710309

举报电话：（0411）84710523
如有印装质量问题，请联系营销部：（0411）84710711

本书为北京语言大学院级科研项目“基于大数据视角的中国金融风险评估与预测”(项目编号为 22YJ090009) 的最终研究成果。本成果受北京语言大学院级项目资助（中央高校基本科研业务费专项资金）(项目编号为 22YJ090009)。本成果亦受北京语言大学校级项目资助（中央高校基本科研业务费专项资金）(项目编号为 21YBT08)。

前　言

随着互联网的普及，人类创造的在线信息总量正以空前的速度爆炸性增长，“大数据”时代已经来临。在这个时代，纷繁复杂的数据实时可得，整个社会经济产生了根本的变化，大数据对金融风险的评估和预测具有革命性的意义。就经济分析而言，大数据时代到底为我们带来什么呢？借鉴Einav& Levin (2013)的概括，至少有三点是很重要的：一是大量数据的实时可得。例如互联网上的大量信息是实时的，移动互联网和物联网的发展导致每个人随时随地都可能在制造数据。经济模型应充分利用数据的实时性，提高分析或预测的时效性。二是可得数据是海量的。正如Mayer-Schonberger & Cukier（2013）所述，传统统计学处理的主要是样本，而在大数据时代，你能得到的数据可能就是总体本身，如就物价而言，电子商务网站成交的每一笔商品价格都有记录。大数据其量之大超过一般计量经济学软件所能处理的范围，同时解释变量增加会导致高维数据中的“维数灾难”，解决这些问题需要新的分析方法和工具。而这些方法工具已在信息学科领域得到长足发展，现代经济模型应该充分利用大数据处理方法为经济分析服务，如机器学习、云计算等。

三是数据的非结构化。数据的来源和形式都十分多样化。如互联网信息包含文本、图片、影音等多种形式，甚至看似杂乱无章，这些信息中到底哪些是我们所需要的信息？在大数据被广泛应用的今天，能否以及如何利用大数据对金融风险进行评估与预测成为经济学研究的一个新领域。本书旨在跟随大数据的时代步伐，寻求利用传统统计数据与在线信息进行金融风险预测的有效方法，为宏观经济政策的准确制定提供帮助。

本书首先对大数据和金融风险评估与预测的相关文献作了梳理。本书将探讨大数据的含义及特点；分析大数据给金融风险分析带来的革命性意义；进而介绍目前大数据在金融风险分析应用中最活跃也是最重要的四个领域的相关文献，即宏观经济数据挖掘、宏观经济预测、宏观经济分析技术和宏观经济政策。金融与经济的发展相互依存、相互影响且密不可分，金融行业的健康发展直接决定了宏观经济的整体结构以及发展速度，本书从金融风险的成因、金融风险的传导和金融风险的防范等方面阐述了相关的文献研究。

本书对将大数据应用于金融风险评估与预测的技术与方法进行了探讨，着重针对利用大数据进行宏观经济预测的基本思路、结构化数据与非结构数据、“降维”等关键点进行探讨。通过实证检验，提出在构建基于大数据的金融风险预测模型时，应该区分结构化信息和非结构化信息两类数据来源，并提出合理运用两类数据的“两步法”，实证研究表明“两步法”有明显的优点。研究结果表明，非结构化新兴大数据可以帮助预测金融风险，但依赖适当模型选择方法。非结构化新兴大数据不是对现有统计数据的替代，而是补充。“两步法”能有效地改进预测效果，即先使用质量高的结构化数据选择初步最优预测模型，在此基础上将新兴非结构化数据加入模型中，最终确定最优模型。“两步法”提出先穷尽使用结构化数据，再加入非结构化信息进行模型挑选，这样可以减少犯错误的概率，改进模型挑选效果。

在实证分析宏观金融风险的研究上，本书选取政府统计指标作为结构化数据的代表，互联网搜索行为有关指标作为非结构化信息的代表，通过多种模型对宏观金融风险和具体的分项金融风险进行预测。在进行宏观金融风险预测时，比较多种模型如何更好地预测GDP。政府统计指标来源于国家统计局，以最新的国家统计局月度数据为基础，挑选出与宏观经济紧密相关的12个指标，包括消费价格指数、社会消费品零售总额等，经过整理、计算生成季度数据。互联网搜索行为为最新的百度指数网站的相关百度搜索指数。百度搜索指数的计算是以网民在百度的搜索量为数据基础，以关键词为统计对象，分析并计算出各个关键词在百度网页搜索中搜索频次的加权和。本书共选取85个百度搜索指数用来衡量互联网搜索行为，并将此85个百度搜索指数分成五类，根据和宏观经济的联系，这五类分别为：消费、投资、净出口、政府购买和就业。根据网民搜索与宏观经济的关联，分别挑选和确定代表性的搜索词，收集相应的百度搜索指数，确定每类信息搜索的词语与变量的数量。研究结果表明，互联网搜索行为可以帮助预测宏观经济状况，但必须依赖适当模型选择方法。搜索行为数据不是对现有统计数据的替代，而是补充。选择结构化数据与非结构化信息变量的正确方法是“两步法”。首先，仅使用政府统计信息选择初步最优预测模型；其次，将互联网搜索行为加入选择的模型中，最终确定最优模型。通过对经济总量和分量的预测模型研究，得到的主要结论有：一是通过比较多个宏观金融风险预测模型发现，对于宏观金融风险预测而言，如果仅使用互联网搜索行为，预测效果并不理想；但如果在政府统计变量的基础上，增加互联网搜索行为变量则可以帮助改进预测。其背后的机理是：一方面，新兴非结构化大数据信息往往包含了大量的“噪声”，对信息质量而言，相对于传统的统计数据具有明显劣势，但并不构成对传统统计数据的替代；另一方面，新兴非结构化大数据往往包括了传统统计调查数据所没有的其他信息，如最新的实时信息，因而是对统计数据的有益补充。二是合理处理两类信息的“两步法”，指在首先充分使用结构化数据挑选模型的基础上，再加入非结构化信息进行变量挑选。这背后的机理在于，“两步法”保证了先对质量更好的统计数据的充分应用，同时发挥“噪声”较大的在线信息的有益补充作用。如果不加区分地将两类数据放在一起降维，则更可能将有用的统计指标剔除，从而弱化了预测效果。三是研究同时表明，如果方法得当，就宏观经济预测而言，充分利用非结构化信息，特别是在线信息，可以提升预测的效果。因此，今后应该更充分地利用在线数据等新的信息来源，提高宏观经济预测和政策反应的时效性与准确性。两类信息综合利用与“两步法”的模型变量挑选方法不仅在宏观金融风险预测中有重要的应用价值，也可将其推广到诸如公共卫生、公共安全等利用大数据预测的其他方面。

在实证分析大数据与具体金融风险变量时，利用2011年1月至2020年12月的月度数据，本书分别进行了大数据与货币金融风险、大数据与投资金融风险、大数据与国际收支风险和大数据与财政风险的评估与预测。在研究大数据与货币金融风险时，介绍大数据与货币金融风险预测所涉及的3种预测模型及预测方法机理，模型1是将被解释变量自身信息和政府统计指标共同放入模型中，模型2是将被解释变量自身信息和互联网搜索行为共同放入模型中，模型3是将解释变量的自身信息、政府统计指标和在线数据放在一起，在货币供给预测模型选择中对其进行同等对待，进一步证明了“两步法”的有效性。在研究分析大数据与投资金融风险时，介绍大数据与投资金融风险的预测所涉及的3种预测模型及预测方法机理，模型1是将被解释变量自身信息和政府统计指标共同放入模型中；模型2的思路是假设通过模型的挑选产生了具有预测能力的变量组合，此处基于模型1的挑选，在被解释变量自身信息和政府统计指标基础上，加入互联网搜索行为构建模型；模型3的思路是假设通过模型的挑选产生了具有预测能力的变量组合，此处基于模型的挑选，在被解释变量自身信息和互联网搜索行为数据基础上，加入政府统计指标构建模型。在研究大数据与国际收支风险、大数据与财政风险时，介绍大数据与国际收支金融风险的预测所涉及的2种预测模型及预测方法机理。本部分的国际收支风险变量设为两个分量，分别为出口分量（数据上以“出口总额”计量）和进口分量（数据上以“进口总额”计量）。模型1是将被解释变量自身信息和政府统计指标共同放入模型中；模型2的思路是假设通过模型1的挑选产生了具有预测能力的变量组合，此处基于模型1的挑选，在被解释变量自身信息和政府统计指标基础上，加入互联网搜索行为构建模型。研究结论表明，“两步法”依然是一个有效的预测方法，但是可以适当调整放入变量的次序，来提升预测模型的准确性。

本书对我国在大数据背景下进行金融风险评估与预测也有重要的政策启示，建议政府加大扶持力度、搭建平台、及早建立基于大数据的金融风险分析与预测体系，提高宏观经济政策的时效性和科学性。

著　者

2022年5月

目　录

第 1 篇　研究基础

第 2 篇　实证研究

第 3 篇　研究总结

第 1 篇　研究基础

第1章　绪论

1.1　研究背景与研究意义

1.1.1　研究背景

随着互联网的普及，人类创造信息的总量正以空前的速度爆炸性增长，人类社会进入了一个以“PB”①为单位的数据信息新时代，人们惊呼大数据时代已经来临。大数据并非一个确切的概念。最初，这个概念是指需要处理的信息量过大，已经超出了一般电脑在处理数据时所能使用的内存量，因此工程师们必须改进处理数据的工具，例如，谷歌的MapReduce和开源Hadoop平台，这些技术使得人们可处理的数据量大大增加。

目前一般认为，大数据的典型特点可以用“4V”即Volume、Velocity、Variety和Value概括为四方面。一是数据体量巨大（Volume）。

① 1PB等于250字节，即1 024TB，1TB为1 024GB。

据估计，人类至今生产的所有印刷材料的数据量大概是200PB，而历史上全人类说过的所有的话的数据量大约是5EB（1EB=1 024PB）。当前互联网上的数据以每年50%左右的速度增长，目前人类90%以上的数据都是最近几年产生的；到2020年，世界上存储的数据量远远超过60 ZB（1ZB等于2^{70}字节，约10亿TB）。二是处理速度快（Velocity）。在如此海量数据面前，处理数据的效率就是企业的生命。社交媒介、移动设备、网上交易和网络设备更新的速度非常快，巨大的数据流会导致传统数据分析的软硬件被淘汰，产生从快速生成数据中实时获取价值的专门技术和数据分析系统。三是数据类型繁多（Variety）。构成大数据的信息类型有不同来源，包括网络日志、音频、视频、图片、地理位置信息等。其中只有约10%属于结构化数据，适合整齐地进入相关数据库的行和列，其余90%是非结构化数据。四是价值密度低（Value）。价值密度的高低与数据总量大小成反比。如一部1小时视频，有用数据可能仅有一二秒。如何通过强大的机器算法更迅速地完成数据的价值“提纯”变得十分重要，也是数据挖掘的关键。

近年来人类对大数据特别是非结构化甚至看似杂乱无章的海量数据的分析能力已大大加强，其关键是机器学习（Machine Learning）算法的迅速发展。简单地说，机器学习就是让计算机经过“训练”在输入变量和输出变量间建立起某种“最佳”的匹配关系。所谓“训练”，是指把输入和输出信息都已知的样本输入计算机，然后根据一定的算法，由计算机建立起由输入变量预测输出变量的方法。机器学习的主要算法包括线性模型、拓展的线性模型、决策树（Decision Tree）、支持向量机（Support Vector Machine）、人工神经网络（Artificial Neural Network）、自组织映射网络（Self-Organizing Map）、遗传算法（Genetic Algorithm）等，并仍在蓬勃发展。机器学习已经在图像识别、语音识别、自然语言处理、智能机器人的诸多领域取得巨大成功，是当前进行数据挖掘和大数据分析的基本手段。

就经济分析而言，大数据时代到底为我们带来什么呢？借鉴Einav& Levin（2013）的概括，至少有三点是很重要的。一是大量数据的实时可得。如互联网上的大量信息是实时的，移动互联网和物联网的发展导致每个人随时随地都可能在制造数据。经济模型应充分利用数据的实时性，提高分析或预测的时效性。二是可得数据是海量的。正如Mayer-Schönberger & Cukier（2013）所述，传统统计学处理的主要是样本，而在大数据时代，你能得到的数据可能就是总体本身，如就物价而言，电子商务网站成交每一笔商品价格都记录在案。大数据其量之大超过一般计量经济学软件所能处理的范围，同时解释变量增加会导致高维数据中的“维数灾难（Curse of Dimensionality）”，解决这些问题需要新的分析方法和工具。而这些方法已在信息学科领域得到长足发展，现代经济模型应该充分利用大数据处理方法为经济分析服务，如机器学习、云计算等。三是数据的非结构化。数据的来源和形式都十分多样化。如互联网信息包含文本、图片、影音等多种形式，甚至看似杂乱无章，这些信息中到底哪些包含我们所需要的信息？

金融的发展与经济的发展相互影响且密不可分，宏观经济的结构与发展速度取决于金融业的健康发展，同时资金也会随着经济增长向着更高效率的部门积累。虽然在金融市场的发展中资源在国家间得到了更优化的配置，但是各国的金融管制却随之逐步放松，金融风险日益凸显且变得更易传导。因此，如何有效地评估与预测金融风险，以促进经济持续健康地发展引起了各国政府以及国际组织的高度重视。

中国作为一个新兴市场国家，正逐步融入全球经济、金融体系当中，各种金融风险及金融危机通过日益紧密的国际经济、贸易往来在中国及全球其他各国之间相互传递，影响了中国经济、金融的稳定。特别是自改革开放以来，中国经济迅速发展，各种产业呈现一片欣欣向荣之景，但同时也伴随着一系列的风险隐患，如金融法规不健全，金融监管不力，投机氛围浓厚，社会游资过多，市场准入机制不完善等。在加入WTO以后，中国金融管制逐渐全面放开，来自全球的激烈竞争使中国的潜在金融风险进一步增大。特别是2014年以来，中国金融领域日益暴露的地方债、影子银行、违约、银行挤兑等问题引起广泛关注，悲观情绪随着经济增速放缓而蔓延，许多人认为中国正处于金融危机的边缘。这就迫切要求中国建立一套合理的金融风险评估与预测机制，以便及时对各种金融风险进行监测，防范金融危机的爆发，维持国家金融体系的稳定，这对促进国家金融业的稳健发展具有十分重要的现实意义。

那么，金融风险可以利用大数据手段去识别吗？金融风险分析如何充分利用数据挖掘技术，将这些非结构化信息转化为经济模型所能利用的形式？能否建立基于大数据的金融风险评估与预测模型，并应用于中国经济？这些都是需要解决的问题。

1.1.2 研究意义

利用大数据能够快速、精准地对金融风险变量进行预测，进而更快捷、更准确地判断金融风险发展的基本态势。随着当代经济的迅猛发展，对于决策者来讲需要及时考虑是否尽快调整政策，对于市场特别是金融市场而言希望尽快产生尽可能正确的判断和预期，这对金融风险评估与预测的速度和准确性提出了挑战。目前大家对金融风险的判断依赖于各种统计调查系统发布的统计数据，如季度GDP、CPI、投资、进出口等。但是上述数据都相当滞后，如GDP数据需要一个多月以后才能统计出上个季度数据。各国央行执行货币政策面临的最大困难之一便在于数据滞后太多，而基于这些数据再进行货币政策调整往往不能对症下药，甚至被认为助长了经济波动和金融风险。大数据时代大量有关人类活动实时数据的产生，为我们更快捷地估测金融风险变量提供了可能。各种商务网站、论坛都包含了大量和金融风险相关的内容，并且是实时更新的。实际上，金融风险分析早就面临着大量实时数据，如股票、期货等金融市场的数据是实时的，银行间拆借市场利率每天发布。但更新越快意味着数据量越大，面对大数据，金融风险分析依靠传统方法无法收集和挖掘这些数据，传统计量经济学工具也无法处理海量数据。正因为这样，过去方法无法做到对金融风险进行有效的评估和预测，经济学家们往往更关注对金融风险变量未来走势的预测，如预测下一季度GDP等，并发展出了大量预测方法（Clements & Hendry（2011）对此作了全面介绍）。大数据技术与方法的发展则为着手进行宏观经济预测提供了新的条件。

在过去的近半个世纪中，金融危机在全球范围内频繁爆发并愈演愈烈，危机造成的影响范围也从一国蔓及周边国家，进而给全球经济带来重创和损失。为了及时防范金融风险，避免或降低金融危机带来的影响，世界各国的经济学家都致力于研究如何建立一套有效的金融风险评估机制，希望可以通过这样一套风险评估和预测系统监控整体的金融状况，及早发现风险点并及时消除潜在的金融风险，尽量避免金融风险造成金融危机的发生。

近年来，我国经济一直处于高速发展的阶段，对外开放的范围和深度都在不断扩大，中国经济与世界各国经济的联系越来越密切，国外金融机构强有力的竞争、国际游资的攻击等都成为中国金融安全的威胁因素，外界的金融风险很容易通过与其他国家的经济往来传递到国内。随着我国经济的高速发展以及金融改革力度的加大，我国由于自身因素爆发金融危机的概率也将大幅提升。种种现象表明，中国面临着较高的金融风险，一旦由此引发金融危机，就中国目前在全球所处的经济地位来说，对我国乃至世界造成的后果将不堪设想。所以，为了促进我国金融业的稳健发展，我们需要对各种可能存在的金融风险进行研究、监测、防范，而研究和构建适用于中国特殊实际情况的金融风险评估与预测系统就是达成此目的的途径之一，这说明本研究具有十分重要的现实意义。

利用大数据进行金融风险分析，在方法论意义上也十分重要。这至少包括四个方面。一是局限于传统金融风险计量分析工具面对海量数据时会难以下手。例如，计量模型往往对数据来源有较高要求，如来自随机抽样，或者是性质良好的面板数据、平稳的时间序列等，但互联网挖掘所得的数据往往有特别复杂的关联关系，如何发展出适合这类数据的模型是经济计量分析面临的重要挑战（Imbens et al.，2011；Varian，2014）。二是传统的金融风险计量模型以因果解释为核心目的，而大数据方法往往更关注变量间的相关关系和预测能力（Kleinberg，2015）。从海量数据直接入手寻找有说服力的因果关系是十分困难的，而寻找相关性则容易得多，同时可为研究因果关系奠定基础。更重要的是，很多研究本身最关心的就是“是什么”，而不是“为什么”，不必非得知道现象背后的原因。也因为如此，Mayer-Schonberger & Cukier（2012）认为建立在相关关系分析基础上的预测是大数据的核心。三是现有金融风险预测模型出于计算能力等原因以线性模型为核心，要处理关系复杂的海量数据，线性模型显然满足不了要求，包括面对高维数据会出现“维数灾难”问题，吸收大数据研究中的机器学习算法使得处理非线性关系和高维数据的能力大大增强。四是机器学习算法的发展往往来自解决实际问题的驱动，对金融风险预测模型的研究也极有可能反过来促进相关算法的完善和发展。

1.2 研究目标与框架

1.2.1 研究目标

本书的研究目标包括：

（1）大数据与金融风险评估与预测的文献研究

当今，大数据正在深刻影响着整个社会和经济发展。本研究将探讨大数据的含义及特点；分析大数据对金融风险分析带来的革命性意义；进而介绍目前大数据在金融风险分析应用中最活跃也最重要的四个领域的相关文献，即宏观经济数据挖掘、宏观经济预测、宏观经济分析技术和宏观经济政策。金融与经济的发展相互依存、相互影响且密不可分，金融行业的健康发展直接决定了宏观经济的整体结构以及发展速度，本研究从金融风险的成因、金融风险的传导和金融风险的防范三个方面阐述相关的文献研究。

（2）结构化数据与非结构化信息的比较与结合

在金融风险分析中，可以应用两种不同种类的信息，即结构化数据与非结构化信息。结构化数据的优点是“噪声”小、数据规范，但是缺点是数据会有一定时间的滞后；非结构化信息的优点是信息更新快、数据实时可得，但是缺点是信息“噪声”大、数据来源和形式多样化。本研究将对比使用两种不同的信息，探讨应用两种数据的正确方法。

（3）利用大数据进行金融风险评估与预测的技术与方法研究

本研究提出并深入分析利用大数据进行金融风险评估与预测的恰当技术和方法，即所谓的“两步法”。其含义为，当研究可用信息包括传统的结构化统计指标和在线非结构化的数据时，构建一个好的预测模型的可行方法是分两步进行，第一步先基于结构化指标挑选出一个暂时最佳模型，第二步在第一步挑选出的模型基础上，再加入非结构化信息，挑选出最优模型。

（4）实证分析大数据与宏观金融风险的评估与预测

本研究将介绍大数据与宏观金融风险的评估与预测所涉及的6种预测模型；描述本研究的数据类型、数据来源及数据特征；分别阐述各预测模型对宏观金融风险预测的结果，对比分析不同模型预测结果的差异，寻找最佳预测模型；最后对比分析“两步法”的科学机理，进而说明“两步法”的有效性。

（5）实证分析大数据与货币金融风险的评估与预测

本研究将介绍大数据与货币金融风险的预测所涉及的3种预测模型及预测方法机理。模型1是将被解释变量自身信息和政府统计指标共同放入模型中，模型2是将被解释变量自身信息和互联网搜索行为共同放入模型中，模型3是将解释变量的自身信息、政府统计指标和在线数据放在一起，在货币供给预测模型选择中对其进行同等对待。以此进一步证明“两步法”的有效性。

（6）实证分析大数据与投资金融风险的评估与预测

本研究将介绍大数据与投资金融风险的预测所涉及的3种预测模型及预测方法机理。模型1是将被解释变量自身信息和政府统计指标共同放入模型中。模型2的思路是假设通过模型的挑选产生了具有预测能力的变量组合，此处基于模型1的挑选，在被解释变量自身信息和政府统计指标基础上，加入互联网搜索行为构建模型。模型3的思路是假设通过模型的挑选产生了具有预测能力的变量组合，此处基于模型的挑选，在被解释变量自身信息和互联网搜索行为数据基础上，加入政府统计指标构建模型。

（7）实证分析大数据与国际收支风险的评估与预测

本研究将介绍大数据与国际收支金融风险的预测所涉及的2种预测模型及预测方法机理。本部分的国际收支风险变量设为两个分量，分别为出口分量（数据上以“出口总额”计量）和进口分量（数据上以“进口总额”计量)。模型1是将被解释变量自身信息和政府统计指标共同放入模型中。模型2的思路是假设通过模型1的挑选产生了具有预测能力的变量组合，此处基于模型1的挑选，在被解释变量自身信息和政府统计指标基础上，加入互联网搜索行为构建模型。研究结论表明，“两步法”依然是一个有效的预测方法，但是可以适当调整放入变量的次序，来提升预测模型的准确性。

(8) 实证分析大数据与财政风险的评估与预测

本研究将介绍大数据与财政风险的预测所涉及的2种预测模型及预测方法机理。模型1是将被解释变量自身信息和政府统计指标共同放入模型中。模型2的思路是假设通过模型1的挑选产生了具有预测能力的变量组合，此处基于模型1的挑选，在被解释变量自身信息和政府统计指标基础上，加入互联网搜索行为构建模型。研究结论表明，“两步法”依然是一个有效的预测方法，但是可以适当调整放入变量的次序，来提升预测模型的准确性。

1.2.2 研究框架

本书的研究框架如下（如图1-1所示）：

本书共分为9章，每一章的主要研究内容如下：

第1章为绪论。首先介绍研究背景，阐述进行研究的目的和必要性；然后阐述研究目标，构建分析框架；接着介绍研究思路和研究方法，设计技术路线。

第2章为文献研究综述。本章将介绍目前大数据在金融风险分析应用中最活跃也最重要的四个领域的相关文献，即宏观经济数据挖掘、宏观经济预测、宏观经济分析技术和宏观经济政策。金融与经济的发展相互依存、相互影响且密不可分，金融行业的健康发展直接决定了宏观经济的整体结构以及发展速度，本研究从金融风险的成因、金融风险的传导和金融风险的防范三个方面阐述相关的文献研究。

第3章为大数据与宏观金融风险的评估与预测。首先介绍大数据与宏观金融风险，即GDP预测所涉及的6种预测模型；接着分别阐述这6种预测模型对宏观金融风险，即GDP预测的结果，对比分析不同模型预

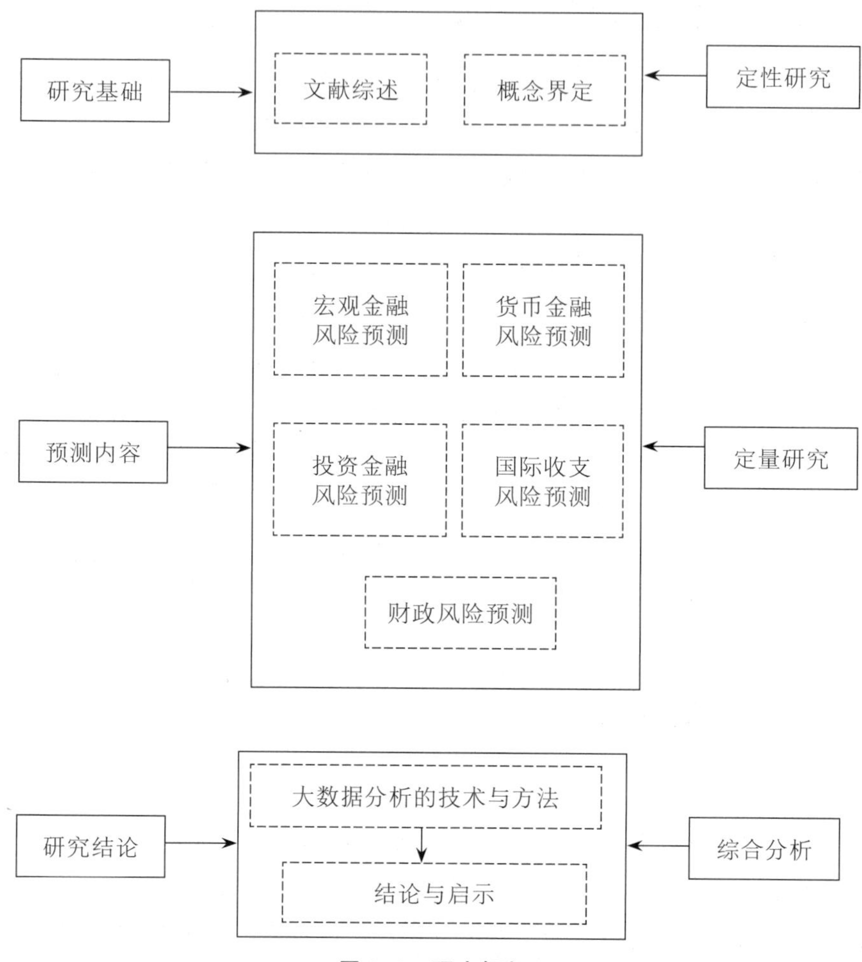

图 1-1 研究框架

测结果的差异，寻找最佳预测模型；最后提出利用大数据进行宏观金融风险预测的有效方法，即“两步法”，并以对比分析的方法说明“两步法”的有效性。

第 4 章为大数据与货币金融风险的评估与预测。本章将利用 6 个政府统计变量和 28 个互联网搜索信息，介绍大数据与货币金融风险的预测所涉及的 3 种预测模型及预测方法机理。模型 1 是将被解释变量自身信息和政府统计指标共同放入模型中，模型 2 是将被解释变量自身信息和互联网搜索行为共同放入模型中，模型 3 是将解释变量的自身信息、政府统计指标和在线数据放在一起，在货币供给预测模型选择中对其进行同等对待。以此进一步证明“两步法”的有效性。

第5章为大数据与投资金融风险的评估与预测。本章将利用7个政府统计变量和28个互联网搜索信息，介绍大数据与投资金融风险的预测所涉及的3种预测模型及预测方法机理。模型1是将被解释变量自身信息和政府统计指标共同放入模型中。模型2的思路是假设通过模型的挑选产生了具有预测能力的变量组合，此处基于模型1的挑选，在被解释变量自身信息和政府统计指标基础上，加入互联网搜索行为构建模型。模型3的思路是假设通过模型的挑选产生了具有预测能力的变量组合，此处基于模型的挑选，在被解释变量自身信息和互联网搜索行为数据基础上，加入政府统计指标构建模型。

第6章为大数据与国际收支风险的评估与预测。本章将利用6个政府统计变量和28个互联网搜索信息，介绍大数据与国际收支金融风险的预测所涉及的2种预测模型及预测方法机理。本部分的国际收支风险变量设为两个分量，分别为出口分量（数据上以“出口总额”计量）和进口分量（数据上以“进口总额”计量）。模型1是将被解释变量自身信息和政府统计指标共同放入模型中。模型2的思路是假设通过模型1的挑选产生了具有预测能力的变量组合，此处基于模型1的挑选，在被解释变量自身信息和政府统计指标基础上，加入互联网搜索行为构建模型。研究结论表明，“两步法”依然是一个有效的预测方法，但是可以适当调整放入变量的次序，来提升预测模型的准确性。

第7章为大数据与财政风险的评估与预测。本章将利用8个政府统计变量和28个互联网搜索信息，介绍大数据与财政风险的预测所涉及的2种预测模型及预测方法机理。模型1是将被解释变量自身信息和政府统计指标共同放入模型中。模型2的思路是假设通过模型1的挑选产生了具有预测能力的变量组合，此处基于模型1的挑选，在被解释变量自身信息和政府统计指标基础上，加入互联网搜索行为构建模型。研究结论表明，“两步法”依然是一个有效的预测方法，但是可以适当调整放入变量的次序，来提升预测模型的准确性。

第8章为金融结构与经济发展。本章主要研究中国海洋经济增长与金融结构之间的相关关系。基于2001—2019年的数据分析，中国的贷款、债券和股票融资与海洋经济增长之间呈倒U形的非线性影响，存在一个最优的贷款、债券和股票融资规模。此外，从金融资产结构角度的结果也表明，金融结构市场化能够促进海洋经济增长。

第9章为结论与启示。首先肯定了非结构化信息是结构化数据的有益补充，确认了“两步法”预测的有效性；接着提出两类信息综合利用与“两步法”的模型变量挑选方法不仅在宏观经济预测中有重要的应用价值，也可将其推广到诸如公共卫生、公共安全等利用大数据预测的其他方面；最后针对我国目前利用大数据进行宏观经济预测的现状，提出对策建议。

1.3 研究思路与研究方法

1.3.1 研究思路

在研究思路上，本研究遵循“研究基础—实证研究—对策研究”的逻辑。本研究分成三个阶段：

第一部分，进行前期研究的充分准备，整理和收集相关文献。在此基础上综述和评介国外和国内相关的文献研究状况，设定研究目标，并进行研究方案的设定。

第二部分，利用统计局的结构化数据与互联网上收集整理的非结构化信息分别对宏观金融风险、货币金融风险、投资金融风险、国际收支风险、财政风险进行预测。通过对比分析两类不同信息的作用，提出利用大数据进行宏观经济预测的有效方法，即“两步法”的含义与操作方法。

第三部分，在前述分析的基础上，结合我国目前利用大数据进行金融风险评估与预测的现状，提出符合我国实际情况的结论建议。

本书用以描述研究思路的技术路线图如图1-2所示：

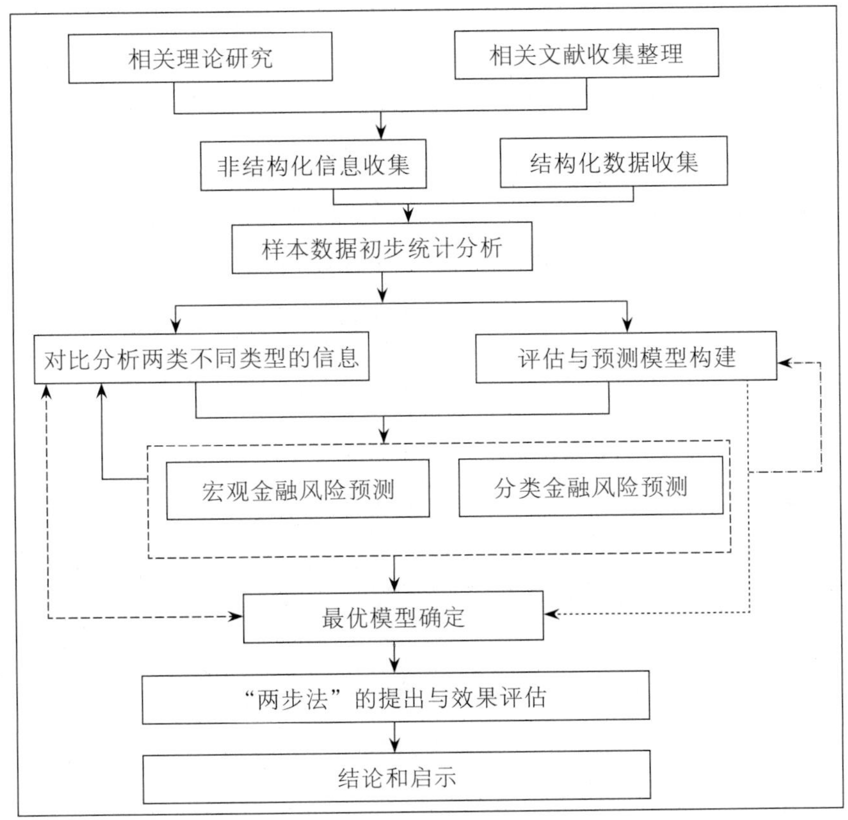

图1-2 技术路线图

1.3.2 研究方法

（1）在线数据采集

如何把线上海量杂乱、非结构化的信息转化为可用信息？这就需要进行数据采集。在互联网上，存在一些信息，对它们稍加处理即可转化为可以进行计量分析的数量化数据，比较典型的如百度搜索指数和Google Trends，这两个工具已将人们利用相应搜索引擎搜索的关键字进行分类，将搜索频率标准化为时间系列，供用户公开查阅。本研究将充分利用这一类数据。

（2）其他研究方法

宏观与微观相结合。在研究时，既从宏观层面出发，研究大数据与宏观金融风险，也从具体金融问题出发，研究大数据与货币金融风险、投资金融风险、国际收支风险和财政风险。宏观与微观相结合的研究方法，使研究结论更具有普适性。

规范与实证相结合。从规范分析的基础理论和数据出发，构建宏观金融风险的现时预测模型，作为本书分析的最终目标；运用实证分析法，从宏观总体和具体金融风险两个维度对中国的金融风险进行模型估计与分析。

定性与定量相结合。基于研究理论，利用文字阐述大数据时代的革命性变化以及对金融风险带来的影响，总结大数据对金融风险预测带来的可能与必要性。运用前沿的机器学习与经济分析相结合的方法，对中国宏观金融风险的状况进行模型估计和预测。然后利用大数据对货币金融风险、投资金融风险、国际收支风险和财政风险进行分别预测。

1.4 研究的基本思想

本书的根本目标是，如何利用大数据建立起时效性更强、可靠性更高的金融风险评估与预测的方法与技术体系。从研究方案设计出发，我们需要将金融风险评估与预测这个具体的实践问题转化为一个学术问题。为了充分凸显和发挥大数据方法的自身特征以及在预测问题上的强大功能，我们把本研究的核心技术问题定位为预测问题，即如何根据观察到的信息（X）去推知金融风险评估与预测（Y）。具体来讲，我们把金融风险的评估与预测认为是一种客观存在，但我们并不能直接准确地观察到；而我们所能观察到的信息，无论是大数据所强调的新数据来源，还是传统的统计指标，都不完全等于金融风险评估与预测本身，但可能不同程度地包含了金融风险评估与预测有关的信息。

一个典型预测问题的基本形式是 $Y=f(X)+\varepsilon$，即用观测到的信息X来预测Y。计量经济学中常把X称为解释变量，Y称为被解释变量；这里我们按机器学习理论的习惯，称X为输入变量，Y为输出变量，ε 为随机项。本研究中Y为金融风险评估与预测的变量，如GDP总量、FDI等。一般认为对Y的一个最佳预测是 $f(X)=E[Y|X]$。对于现时预测问题，指X中包含和Y同时期的信息，其基本形式为：

$$Y_t = f(Z_t, X_{t-1}, \cdots) + \varepsilon_t \tag{1}$$

其中，t代表时期，用来预测Y的输入变量包括两部分；$\{X_{t-1}, X_{t-2}, \cdots\}$代表过去能观察到的信息；$Z_t$代表当期能观察到的信息。当没有当期信息$Z_t$时，这是一个提前预测问题；当具有部分当期信息时，这是一个现时预测问题。

预测问题不同于因果解释。比如在上述模型中，X作为输入变量，Y作为输出变量，但不是说X就一定是导致Y的原因。不管是X为原因Y为结果，还是Y为原因X为结果，只要X中包含了和Y有关的信息，我们就可能根据观测到的X去推测Y的大小，因而成为一个预测问题。但如果上述模型作为一个因果分析模型而存在，则相应条件就严格得多，要求作为自变量的X不受Y的影响即是“外生的”，否则就会产生“内生性”问题。现代计量经济学发展的一个重要推动力便来自于不断寻求解决内生性问题的各种技术手段。因为本研究的首要目的是如何更好地衡量金融风险状况，而不是解释到底有哪些因素影响了金融风险状况，因此本研究首先是一个预测问题，而不是因果解释问题，尽管在具体研究过程中这两个方面可能会相互联系。也正因为这样，可以充分发挥大数据的预测功能来改进金融风险评估与预测的理论和方法。

用大数据改进对金融风险评估与预测的衡量，其切入点可以概括为两个方面。一是利用大数据方法扩大可得信息的范围，二是利用大数据技术改进金融风险评估与预测的模型和指标。而合理运用这两个基本手段的前提是从方法论上对大数据方法在金融风险评估与预测分析中的应用以及与传统方法的关系有正确认识。正是在这一逻辑之下，本书将从如前所述的基于大数据的金融风险评估与预测方法论、传统计量经济方法和大数据挖掘方法的比较与结合、基于大数据的金融风险数据挖掘、基于大数据的金融风险评估与预测模型等几个方面展开。

具体而言，首先从扩大可得信息范围的视角分析，传统方法主要基于统计和调查数据即结构化数据来设计金融风险评估与预测；大数据方法则可以，也必然要求我们将可得信息的范围从结构化数据拓展至非结构化数据。这就要求本研究需要从理论上明确结构化数据和非结构化数据的相互关系，从应用上选择可行的非结构化数据采集对象和合理的数据挖掘方法。因为通过大数据挖掘可以大量获得实时的当期信息，因而现时预测问题变得更加重要。再者从改进预测模型和方法的角度来分析，我们把缺乏因果关系理论基础的数据挖掘模型称为非结构化模型，则传统的经济预测模型更多的是结构化模型。本书需要探讨：利用基于大数据的非结构化模型能否改进预测效果？传统的结构化模型和数据挖掘的非结构化模型能否结合，从而产生“半结构化模型”？基于这些分析，研究可以按以下路径展开：

（1）对结构化数据进行收集整理。根据与金融风险评估与预测的相关性整理需要采集的结构化数据集合，通过统计年鉴、国家统计局网站、各部委网站、世界银行网站和宏观经济数据库等途径对结构化数据进行收集整理。在结构化数据的整理过程中，也可以充分运用数据爬虫技术进行采集。同时，数据来源不局限于官方统计机构，应拓展至如媒体、企业、社会组织等。

（2）对非结构化数据进行采集和挖掘。首先，根据与金融风险的关系，利用研究商讨和专家咨询的方法确定需要采集和挖掘的数据来源和关键词语；其次，使用计算机信息科学技术对非结构的数据和文本进行挖掘；最后，对挖掘的数据进行清洗和标准化处理，包括对文本信息采用人工标注、语义分析等技术手段提取数据后再进行标准化处理。

（3）对收集和挖掘的数据进行初步统计分析。通过初步统计分析，确定结构化和非结构化的变量信息，从而可以进一步制定采集与挖掘的目标和手段，扩大数据挖掘范围。

（4）方法论探讨。主要对结构化数据与非结构化数据关系，数据挖掘方法和计量经济模型关系进行深入探讨。

（5）模型构建。在此构建3类模型，即上述的结构化模型、非结构化模型和半结构化模型，对比分析各类模型的拟合和预测结果，进一步对模型进行修正，最终确定最有效的金融风险评估与预测的模型。

第2章　文献研究综述

大数据正在深刻影响着整个社会和经济发展。从经济分析的角度看，国际上大数据研究首先在行业研究、商务分析和企业应用层面快速发展，并逐渐影响经济分析的各个领域。

2.1　大数据与经济分析的文献综述

2.1.1　大数据对宏观经济预测分析的革命性意义

大数据开启了巨大的时代转型，就经济分析而言，大数据时代带来的转变是重大且具有革命意义的。首先，大数据极大地拓宽了信息来源。大数据时代的重大变化即是海量的可得数据。传统经济分析依靠的数据主要是样本，而在大数据时代，得到的数据可能就是总体本身（Viktor Mayer-Schonberger and Kenneth Cukier，2013），如就物价而言，电子商务网站成交每一笔商品价格都记录在案。大而全的可得数据对经济分析是极其重要的，可以准确了解经济形势、正确做出经济发展预测、合理制定经济政策。这些优势是传统经济分析方法无法想象和实现的。

其次，大数据时代信息获得的速度大大提高，很多信息实时可得。传统的经济分析主要依靠结构化数据，这些数据最明显的缺陷就是具有很强的时滞性。例如，政府公布的季度GDP往往会有1个月的滞后期，而全面经济社会反映的统计年鉴的滞后期会达到3个月左右，这对及时了解宏观经济形势、预测与预警都是非常不利的。大数据时代信息产生和传递的速度空前加快，如Internet上的大量信息是实时的，移动互联网和物联网使每个人随时随地都可能制造数据。大数据经济模型可以充分利用数据的实时性，提高分析或预测的时效性，为经济预警和政策制定提供最快速的资料和依据。

再次，大数据带来经济分析的方法论变革。传统的经济计量模型建立在抽样统计学的基础上，以假设检验为基本模式。随着信息量的极大拓展和处理信息能力的极大提高，经济分析可能从样本统计时代走向总体普查时代。这一点对宏观经济分析意义重大。因为宏观经济系统纷繁复杂，如果能将对整体宏观经济变量的分析建立在尽可能多的关于经济主体行为的信息以及其他诸多经济变量的信息的基础上，甚至可以抛弃原有的假设检验的模式，无疑将极大地提高宏观经济分析的准确性和可信度。同时，经典计量模型以因果检验为核心，而大数据分析则往往将相关性发掘作为首要任务。在复杂的宏观经济系统中，在许多宏观经济中的因果关系往往难以准确检验、因果结论经常广受质疑的情况下，更重视可靠相关关系的发掘，充分利用相关关系对经济预测、政策制定与评估的作用，无疑为宏观经济分析打开了另一片广阔空间。也因为如此，Mayer-Schonberger & Cukier（2013）认为建立在相关关系分析基础上的预测是大数据的核心。

最后，大数据促使经济分析技术的革新。传统的分析技术是基于关系型经济数据的，分析模型主要是基于统计数据的，而大数据中大量信息是非结构化的，数据的来源和形式复杂多样。如互联网信息包含文本、图片、影音等多种形式，在此状况下进行宏观经济分析有必要借鉴计算机领域已经出现，但在现有经济领域还少有应用的数据处理技术，例如机器学习。机器学习已经在图像识别、语音识别、自然语言处理、智能机器人等领域取得巨大成功，是当前进行大数据分析的基本手段（Mitchell，1997；Hastie et al.，2009）。此类技术在宏观经济领域的应用会极大地提高经济分析的能力，改进分析结果，提升分析价值。另外，传统的经济计量对海量数据难以分析，发展适合大数据背景下的分析模型是经济计量面临的重大挑战（Imbens et al.，2011）。

国际学术界和宏观经济政策界已经意识到大数据对宏观经济分析的革命性影响，将大数据的概念、方法和技术与宏观经济分析结合起来正逐步得到重视，一些意义深远的研究工作逐步兴起。综合起来看，这些研究主要集中在经济数据挖掘、经济预测、经济分析和经济政策四个领域。

2.1.2 宏观经济数据挖掘

数据挖掘正在成为一个热门行业。简单来说，数据挖掘就是大数据时代的统计调查。随着互联网信息技术的逐步发展，获取的数据种类越来越庞杂，数量越来越庞大，更新速度越来越快，数据中有大量“噪声”存在。显然，传统的统计调查方法不能适应大数据时代信息收集的需要，比如在内容形式上，互联网上的诸多信息是以多媒体方式存在的，统计调查无从下手；面对海量信息，统计调查速度慢。因此，充分依靠计算机进行信息收集的各种新技术应运而生，被称为“数据挖掘”。数据挖掘多在利用网络爬虫软件的基础上，建立机器学习模型。其过程一般包括：先利用网络爬虫软件将原始信息从网上抓取下来；然后通过一定方法对这些数据进行清洗，将大量无用的“噪声”过滤掉，保留值得加工的信息；再对剩下的内容进行加工提取，并转化为一定程度结构化的可用数据，如标准化为时间序列等。这一过程已经成为大数据方法中的标准程序之一。从宏观经济分析的角度，根据信息来源的种类而言，数据挖掘大体可分为两类。

第一类是已有数量信息的收集整理。这一类工作要解决的是信息来源量大面广和快速更新的问题。一项典型的工作如麻省理工学院的The

Billion Prices Project（BPP）项目。[①]研究团队在经济学家 Alberto Cavallo 和 Roberto Rigobon 的带领下，通过“网络抓取技术”（Web Scraping），利用网上购物交易数据计算日常通胀指数（Nii Ayi Armah，2013）。收集来自世界上70个国家、300个零售商、共500万种在线商品的价格，建立了通胀指数的日发布系统。相比传统CPI的月发布机制，“十亿价格项目”仅有3天的滞后，几乎实现了通货膨胀的实时预测。

第二类是对非数量信息的收集整理。比如如何从文本、图片、视频等素材中挖掘出结构化、数量化的信息。这类工作除了要解决前述问题外，还面临更困难的将非结构化数据转化为结构化数据的艰巨任务。如对一项典型的文本数据挖掘工作而言[②]，假定任务是需要从日常的新闻报道中挖掘出媒体对经济的信心指数，基本过程包括四步（Navjeet Kaur & Jyoti Kiran，2012）。第一步是选取部分文本请专业人士进行标注以分类，如可分类为“乐观、中性、悲观”三类，同一篇文本可由三人分别标记，然后采取一定方法来计算语料标注的一致性，通过方能被用于观点分类。第二步为对文本进行特征抽取和选择，特征抽取方法有基于规则的特征抽取和基于统计的特征抽取。第三步为在特征抽取信息的基础上建立分类器，如可同时考虑来源单位、作者身份、文本性质这三类信息，对已标注文本通过机器学习（如采用支持向量机算法）建立分类器。第四步为将此分类器应用于分类未标注文本，并将分类结果转化为时间系列数据。

数据挖掘是在借鉴众多领域的研究思想基础上逐步发展起来的。数据挖掘借鉴了统计学的抽样估计、人工智能和机器学习的搜索算法、建模技术和学习理论，还借鉴了信息论、最优化、可视化、信号处理和信息检索等思想。目前广为接受的数据挖掘处理模型是Fayyad 等人设计的多处理阶段模型（U. Fayyad，M. Piatetsky-Shapiro，G. Gmyth，1996）。利用该模型意在集中寻求数据挖掘过程中的可视化方法，便于人机交互；其研究网络环境下的数据挖掘技术，加强对多媒体数据、文本数据和图像数据等各种非结构化或半结构化数据的挖掘。

① 更多关于The Billion Prices Project的信息请参见 http：//bpp.mit.edu/。
② 在计算机信息技术中，这属于自然语言处理领域。

2.1.3 大数据与经济预测

大数据时代信息的实时和快速的特性为及时高效的宏观经济预测提供了可能，信息规模的庞大为准确合理预测提供了机会。大数据背景下的宏观经济预测将更加有效、更加实用。

从数据来源渠道来看，国外利用互联网大数据预测宏观经济的研究主要有两大类：一类是基于网络搜索引擎的宏观经济预测，如谷歌公司研发的Google Trends（谷歌趋势）；另一类是基于网络社交媒体的宏观经济预测，如国外社交网站Twitter（推特）、Facebook（脸书）、Microblog（微博）。

国际上利用大数据进行经济分析与预测取得了一定进展。BPP项目利用网上购物交易数据计算日常通胀指数。例如，BPP的数据显示，在雷曼兄弟公司2008年9月倒闭后企业几乎是立刻开始削减价格，这表明总需求已经减弱（Surowiecki，2011）。相比之下，官方通胀机构公布的数据直到当年11月，即在10月CPI数据公布后，才对通缩有所反应。Choi &Varian（2009a，2012）介绍了Google Trends如何可以用来为预测当前经济变量服务，Choi & Varian（2009b）发现失业和相关福利的搜索可以提高对于首次申请失业救济的预测。Askitas & Zimmermann（2009）、D'Amuri（2009）和Suhoy（2009）也发现，互联网搜索可以预测德国、意大利和以色列有关劳动力市场的状况。Choi & Varian（2011）以及Wu & Brynjolfsson（2009）发现，与住房有关的搜索可以改善传统模式对美国住房销售的预测。Webb（2009）表明，“止赎权”的检索次数和取消抵押品赎回权的实际数目是美国住房市场问题的一个早期预警。McLaren & Shanbhogue（2011）检验了在线搜索对英国就业和住房市场预测活动的重要性，表明包含互联网搜索的模型提高了预测效果。

利用大数据对宏观经济进行预测最重要的方面当属宏观经济的现时预测（Nowcasting）。“Nowcasting”这个词最初源于气象学领域，是针对现在已经发生的事，可能因为信息获取困难等原因难以直接知道准确情况，因而根据可得信息来进行推测。比如对宏观经济而言，在月底估测本月GDP总量是现时预测，因为“本月GDP是多少”这件事已经发生了，只是我们还不能马上拿到相关数据。信息技术的发展使大量实时信息容易采集，Choi & Varian（2009a，2009b，2011，2012）强调应充分利用大数据方法为经济现象的现时预测服务，并称之为“Nowcasting”。目前对宏观经济的判断依赖于各种统计调查系统发布的统计数据，但面临的最大困难之一是关于宏观经济统计的数据滞后太多，基于此统计进行的预测甚至被认为助长了宏观经济波动。大数据时代大量实时数据的产生，为更快捷地估测宏观经济提供了可能，大数据理论与方法的发展则为现时预测提供了新的条件。

大数据也使得宏观经济预测模型产生了变化。传统的经济预测往往通过建立时间序列、截面或面板方程等几个模型来进行，变量的完整被认为是不可能的。由于模型变量选择、参数设置、估计方法以及滞后期选择等的不同，预测结果会产生很大的偏差。大数据时代可以应用大量模型进行研究，可以应用完备的数据信息，这对预测模型的改进提出挑战，同时提高了预测的准确性。

McLaren & Shanbhogue（2011）指出，大数据对分析预测意想不到的事情也是特别有帮助的。例如，经济形势的变更、暂时的工厂关闭和罢工等，传统的调查数据须根据预定的问题进行收集，而大数据时代搜索数据更灵活，可用于评估这些特殊情况，对宏观经济进行合理预测。正如“啤酒与尿布”这一经典案例所揭示的[①]，大数据研究会发现与传统的宏观经济领先指标不同的、想象不到的指标，甚至是奇怪的结果。

Schlegel（2015）探讨了如何利用大数据信息进行预测；Sebastian（2013）探讨了利用大数据的预测方法，同时还讨论了大数据对数据的准备和模型的影响；Liu（2015）讨论了关于大数据的问题，其中包括大数据的四个维度和它们创造的机会和挑战，同时也讨论了大数据分析应用。国际上利用互联网搜索行为对宏观经济进行预测取得了一定进展，具体体现在预测内容和预测方法两方面。在预测内容上，首先体现

① “啤酒与尿布”案例正式刊登在1998年《哈佛商业评论》中，故事产生于20世纪90年代的美国沃尔玛超市。研究人员通过数据研究发现，“啤酒”与“尿布”看上去毫无关系的商品经常会出现在同一购物篮中。因为美国有婴儿的家中，一般年轻的父亲去超市买尿布，并且经常会为自己购买啤酒。超市人员将啤酒与尿布摆放在同一区域，从而获得了更好的商品销售收入。

在利用互联网搜索行为对消费的预测方面，Vosen & Schmidt（2012）利用网络搜索数据时间序列建立的个人消费月度指标进行预测，发现其预测效果要优于基于样本调查建立的消费指标的预测效果。Konstantin et al.（2009）利用网络搜索数据预测美国个人消费增长率，结果发现与利用传统的消费者信心指数进行预测的结果相比，用搜索指数预测所得的结果精准度更高；Torsten & Simeon（2009）以及Nicolás & Haifang（2009）也在研究中得到了同样的结论。其次，利用互联网搜索行为对宏观经济进行预测的研究体现在对就业的预测方面。

在利用网络社交媒体提供的数据方面，Bollen等发现基于Twitter（推特）平台表达的公共情绪可以用来预测股市变动。这一研究的数据来源于两方面：一是Yahoo金融发布的道·琼斯工业平均指数（DJIA）的收盘价；二是2008年3月到10月间，270万推特用户推送的970万条消息。这970万条消息经过情绪评估工具——Opinion Finder和GPOMS被赋值。Opinion Finder根据文本内容可以评估“积极”与“消极”两种情绪；GPOMS根据文本内容可以评估“Calm（冷静）”“Alert（警觉）”“Sure（确信）”“Vital（活泼）”“Kind（美好）”“Happy（高兴）”等六种情绪。结果发现，在道·琼斯工业平均指数（DJIA）和GPOMS中的“Calm（冷静）”情绪之间存在相关性。进一步研究发现，“Calm（冷静）”情绪可以很好地预测道·琼斯工业平均指数在未来2到6天的涨跌情况，而且这种每日预测的准确率高达87.6%。2011年5月，英国对冲基金Derwent Capital Markets建立了规模为4 000万美元的对冲基金，是首家基于研究社交网络的对冲基金。该基金通过分析Twitter的数据内容来感知市场情绪，从而指导投资行为。

2.1.4 大数据分析技术与经济分析

人类对大数据特别是非结构化甚至看似杂乱无章的海量数据的分析能力的大大加强，关键在于机器学习（Machine Learning）算法的迅速发展。简单地说，机器学习就是让计算机经过“训练”在输入变量和输出变量间建立起某种“最佳”的匹配关系。所谓“训练”，是指把输入和输出信息都已知的样本输入计算机，然后根据一定的算法，由计算机建立起由输入变量预测输出变量的方法。“机器”能够伴随计算、运行次数的增多，通过学习逐步自我提高改善，使挖掘和处理更为准确。机器学习的主要算法包括线性模型、拓展的线性模型、决策树（Decision Tree）、支持向量机（Support Vector Machine）、人工神经网络（Artificial Neural Network）、自组织映射网络（Self-Organizing Map）、遗传算法（Genetic Algorithm）等，并仍在蓬勃发展。机器学习已经在图像识别、语音识别、自然语言处理、智能机器人等诸多领域取得巨大成功，是当前进行数据挖掘和大数据分析的基本手段（Mitchell，1997；Hastie& et al.，2009）。大数据推动数据的分析向机器学习（Machine Learning，ML）方向发展。从根本上讲，机器学习力图以计算机模拟或实现人类的学习行为，获取新的知识或技能，并且重新组织已有的知识结构使之不断改善。宏观经济分析也必然会成为机器学习模型的重要消费者，同时，出于宏观经济研究分析的需要，也必然会反过来促进机器学习方法的进一步改进和发展。

在宏观经济模型中，通过大数据挖掘，可得解释变量会大大增加，因此研究中会出现高维数据问题。即因可得信息“过多”，往往会出现和被解释变量（如GDP）相关的解释变量数量过多，产生所谓的“维数灾难”。如在线性回归问题$Y = X\beta + \varepsilon$中，其中，Y为GDP，X（向量）为可得的解释变量。样本为时间系列，其数量受限于可得的时间间隔数，当X中的解释变量数大于样本数时，无法用最小二乘法得到系数β的估计。目前机器学习理论中对此问题已有不少方法，采用最多的是LASSO（Least Absolute Shrinkage and Selection Operator）算法（J. Friedman，T. Hastie，R. Tibshirani，2008）。如对于一个基本的线性回归问题$Y = X\beta + \varepsilon$，设样本数量为n，Y为1维向量，X为p维横向量，即X中包含p个分量，β为p维列向量。其中，n<<p，因此无法用最小二乘法进行回归。LASSO算法用如下方法估计系数β：$\beta(\lambda) = \arg\min_{\beta}(\|Y - X\beta\|_2^2/n + \lambda\|\beta\|_1)$，其中，$\|Y - X\beta\|_2^2 = \sum_{t=1}^{n}(Y_t|(X\beta)_t)^2$，$\|\beta\|_1 = \sum_{f=1}^{p}|\beta_f|$，$\lambda \geqslant 0$是惩罚参数。这种算法可直观理解为在最小二乘法基础上，增加一个惩罚项$\lambda\|\beta\|_1$。通过惩罚项的引入，LASSO可以对一些次要变量赋予系数为0，同时实现对

变量的选择。

“高维”数据问题已经成为当前经济计量模型研究中的一个前沿和热点领域。处理高维数据能力的提升将大大增强大数据对宏观经济分析的意义，使得“大”是有用之“大”。另外，如基于大数据的社会网络和社会计算等其他分析技术也在蓬勃发展，并在大数据宏观经济分析方面有重要的应用前景。

2.1.5 大数据与经济政策制定

大数据革命对政府的经济政策制定提供了机会。政府在政策制定上可以通过大数据分析系统提升公共服务质量，增加服务种类，并为公共服务提供更好的政策指导。同时，在大数据分析的运用、提高效率、与其他政策和技术协同以及为公共服务领域带来变革等方面，政府可以提高重视和加大投入，以便为经济的进一步发展提供支持。

大数据给政府的经济统计工作带来巨大影响。第一，面对大数据带来的技术变革，政府应该将其纳入政府统计之中。经济统计要充分利用大数据时代提供的技术和条件，促进政府统计工作的变革。例如，BPP便是政府应对大数据变革的成功典范。第二，面对大数据带来的统计对象扩充，政府不但应重视结构化数据，更要重视挖掘非结构化数据，以期找寻出恰当的经济统计指标。大数据时代，非结构化数据包含更多信息；而且利用互联网进行的数据挖掘，不仅可以得到数字资源，文本数据也是可以通过挖掘获得的。第三，面对大数据带来的统计资源的拓展，政府应该将其统计资源拓展到政府以外，重视拓宽其他数据资源。在过去，政府是靠自己的力量收集数据的，但大数据时代，人人都是数据的制造者。例如，数据巨头谷歌和百度等，其拥有大量政府无法获取的数据资源。政府要想办法让数据巨头将数据放到统计中来，而不能仅靠自己调查统计。

西方国家已经重视利用大数据来提高宏观经济政策的决策效率，例如，美国和澳大利亚就是成功的典范。

2012年3月，美国奥巴马政府推出“大数据的研究和发展计划”。计划涉及美国国家科学基金、美国国家卫生研究院、美国能源部、美国国防部、美国国防部高级研究计划局、美国地质勘探局等6个联邦政府部门。政府承诺投资超2亿美元，大力推动和改善与大数据相关的收集、组织和分析，以推进从巨大而复杂的数据集合中获取信息的能力。美国普查局在将大数据与统计调查相结合方面也走在前列。2012年，美国普查局向公众开放了普查应用程序接口（Census Bureau APIs），通过软件开发商专门设计了网络和移动应用程序。用户可通过手机App对人口、社会普查数据进行下载使用。在2020年的普查中，美国普查局采取“网络抓取技术”等多模式进行数据收集。美国未来要实现企业数据与普查、调查数据的全面融合，提高统计调查的效率和质量。

2.2 金融风险的文献综述

金融与经济的发展相互依存、相互影响且密不可分，金融行业的健康发展直接决定了宏观经济的整体结构以及发展速度，同时金融体系的稳定也会促进经济增长，将资金导向高效率部门。金融深化程度也随着世界金融市场向着自由化和全球化的不断发展得以不断加深，因此金融管制的逐步放松使得金融风险更加容易发生。近年来在国际金融市场中频繁发生的金融危机，导致全球经济增速放缓，国际金融市场动荡加剧。因此，了解金融风险的成因、传导过程，以有效防范并化解金融风险、避免金融危机带来的危害、促进经济持续健康发展，成为各国政府、国际组织以及学者们高度重视的课题。

2.2.1 金融风险的成因

Irving Fisher（1933）发现了债务清偿的重要性，以此提出了著名的债务-通货紧缩理论。他认为在经济的衰退期，企业的清偿能力逐渐丧失，当企业将银行拖入债务链时则会引发通货紧缩，企业为偿还债务会低价抛售资产，从而导致大量的破产失业，随之引发金融危机。

（1）金融体系内在脆弱性假说

Hyman P. Minsky（1963）以金融体系的内在不稳定性为视角，提出了“金融不稳定假说”以解释金融风险的成因，开创了金融脆弱性理论研究的先河。Minsky提出商业银行的信用创造功能使金融体系具有天然的内在不稳定性，当金融风险积聚到一定程度后便会引发金融危机，而代际遗忘和竞争压力则是形成金融体系内在脆弱性的两个原因。

在前人对金融脆弱性的研究基础上，一些学者提出金融脆弱性也会由于金融工具的过度创新与滥用增加，导致金融体系在外部冲击影响下迅速崩溃。从金融创新的角度进行研究的学者们认为金融创新的过度与滥用反而放大了系统性金融风险。特别是近年来，学者们对"影子银行"的研究已充分证明了这一观点。基于这一点，学者们展开了论述。Anabtawi & Schwarcz（2011）指出影子银行可能通过金融机构的关联性来使金融风险的传染加剧。Awrey（2012）认为，影子银行的非集中化带来了市场分割和信息不透明，当市场变得透明时，大量积累风险会引发市场中的恐慌情绪。在加剧金融风险传染的同时，Schwarcz（2012）认为影子银行也会增加系统性金融风险的爆发。从上述研究中不难发现，以金融体系内在脆弱性为视角对金融风险成因进行解释很大程度上要依赖于心理层面的判断推测，且缺乏有效的微观基础，当然金融脆弱性假说为后续学者们对金融风险成因的研究奠定了坚实的基础，打开了一个良好的开端。

（2）信息经济学和博弈论角度

信息经济学与博弈论从不对称信息的角度解释了金融风险产生的主要原因。单个储户的理性行为或银行经营者的道德风险等因素导致了风险积累，利益相关者之间的信息不对称使金融有效配置无法实现，进而扩大为系统性金融风险，个人的理性选择行为最终导致了集体困境的产生。基于银行体系的脆弱性，Diamond & Dybvig（1983）用银行挤兑模型（D-D模型）解释了信息不对称导致了金融风险的产生，指出了理性存款人的集体行为会对银行产生挤兑，同样由于信息不对称银行间也会发生挤兑，最终产生系统性金融风险。此外，Mckinnon & Pill（1994）认为道德风险和逆向选择的信息不对称也会引发金融风险。由于银行之间存在强外部关联性，当多数银行产生道德风险时，银行体系会由于逆向选择而变得异常脆弱，从而加剧了危机的产生。Goldstein & Reinhart（1997）指出金融基础的缺失和金融机构的非透明经营将导致金融风险产生。随着信息经济学和博弈论的兴起，金融脆弱性的相关研究得到了进一步的发展，学者们开始从不对称信息的角度来解释金融风险产生的主要原因，为金融脆弱性假说找到了微观的形成机理，使得金融脆弱性导致金融风险有了更新的解释。

（3）流动性角度

在上述诸如Diamond & Dybvig（1983）等的研究中已经指出了银行挤兑是由于人们对银行未来流动性问题的担忧而产生的。从这一角度出发，Cifuentes et al.（2005）发现银行资产价格的下降引发更多的银行抛售资产，如此循环将引发银行系统中流动性风险的传播，从而引发系统性风险。Mitchell et al.（2007）发现了系统性金融风险的生成渠道，研究了系统性金融风险是如何通过可转债市场的流动性渠道生成的。他们认为经济的恶化使基金大量变现，降价出售的基金使市场中的流动性供给者转变为需求者，市场中流动性供应下降，金融市场的相互影响引发了市场的动荡和风险的产生。通过对股票市场进行研究，Brunnermeier & Pedersen（2009）发现市场流动性会伴随资金流动性的紧张产生波动，融资的风险因为这种联动效应增加了，带来系统性金融风险。从流动性这一角度的研究发现，引发金融风险的原因是公众对于未来的流动性产生的担忧与恐慌以及流动性结构的失衡引起的资产损失。学者们开始注意到金融市场的关联问题，逐步挖掘金融机构之间的联系。

（4）系统重要性金融机构角度

次贷危机之后，金融稳定委员会将类似雷曼兄弟公司这样的金融机构，即由于业务规模大、业务复杂程度高和系统的关联性强，如果发生风险则会给整个金融系统带来冲击的机构，定义为系统重要性金融机构。由此，学者们也开始以此为新的视角来解释系统性金融风险形成的内因。Markose et al.（2009）指出金融系统中那些紧密联系而不倒的机构，其紧密的关系带来了系统性风险的传播。Stiglitz（2011）认为银行肆无忌惮地追求风险的行为源于其“大而不能倒”的地位。

（5）金融资产价格波动的角度

在上述的研究中，我们不难发现其实每一个研究角度中都暗藏着资产价格波动的概念，因此可以看出金融资产价格与金融体系的稳定存在着较强的相关性，资产的价格波动引发金融风险，进而影响金融体系的稳定。伴随着信息经济学与博弈论在金融风险领域的应用，学者们逐步开始将信息不对称应用到信贷市场中，将资产价格波动作为金融风险的成因进行解释。Bernanke & Lown（1991）认为资产价格的下跌会导致银行资产负债表恶化、信贷扩张能力和借款人信用获得能力减弱、信用紧缩、借款人的负债率上升，从而增加了金融系统的不稳定。Mishkin（1999）认为资产价格的波动会通过逆向选择与道德风险的加剧来引起信贷收缩与经济紧缩，导致金融体系的不稳定，从而引发金融危机。Borio & Philip（2002）认为资产价格过度繁荣会增加金融风险发生的可能。在实证研究方面，Allen & Gale（2000）把投资人对未来信贷可得性的预期的变动与资产价格变动联系起来建立模型，认为对未来信贷可得性的预期的变动会产生泡沫，引发资产价格的崩溃，从而导致金融危机。Goetz（2004）在宏观经济模型中放入了银行和资产价格，提出资产价格的波动和金融风险间存在一个间接、非线性和涉及反馈的过程。Daníelsson & Zigrand（2008）通过多资产价格均衡模型，发现引发系统性金融风险的重要原因是资产的价格波动。Korinek（2008）在研究系统性金融风险时加入了社会福利的一般均衡模型，发现系统性金融风险的发生并放大来源于资产价格的波动。由此，我们可以看出，关于资产价格波动对于金融风险的影响主要集中于资产价格波动对信用扩张、信息不对称等方面的理论研究，而实证部分进一步证实了金融风险的发生来源于资产价格的波动。

2.2.2 金融风险的传导

金融风险是通过各层面、各阶段的传导来逐步演变成为金融危机的，因此学者们开始热衷于从不同角度来挖掘金融风险的传导。

（1）货币危机理论角度

在金融风险传导的相关研究中，最具代表性的研究是货币危机理论，即“三代货币危机模型”，以此来解释金融风险的传导问题。Krugman（1979）提出的第一代金融风险传染的货币危机模型认为：稳定的汇率政策与宏观经济政策之间的不协调会冲击固定汇率，使本币贬值。因此，央行为维持固定汇率不崩溃，必须使用外汇储备来购买本币，然而固定汇率会随着外汇储备的逐步耗尽而崩溃，由此爆发货币危机。但该模型存在的缺陷在于无法求出显示解，为弥补这一缺陷，Flood & Garber（1984）通过对原有模型的改进得出了固定汇率崩溃的时间，同时也提出了“影子浮动汇率”这一概念。Obstfeld（1994）提出了第二代“多重均衡-自我实现危机模型”，指出投资者攻击某一货币可能是由该国货币的贬值预期所引起的，是货币贬值预期的自我实现，而不是源于国内经济基本面的恶化。基于这一角度，后续的学者如 Boschi & Goenka（2012）在第二代货币危机理论中加入投资者的资产组合配置策略，研究了投资者风险厌恶程度与金融风险传染的关系，发现风险厌恶程度的增加会引发另一国债务成本的增加，带来货币贬值的风险逐渐增加，从而引发金融危机的爆发。与前两代货币危机理论从宏观角度分析不同，第三代货币危机理论从微观角度进行了解释，强调了金融中介与资产价格波动的影响，逐步形成了道德风险理论、流动性危机理论以及资产负债表理论。Mc Kinnon & Pill（1996）、Krugman（1998）、Corsetti et al.（1999）、Burnside et al.（2000）、Dooley（2000）等学者分别就道德风险理论这一角度进行了研究，该理论指出政府的免费担保使金融机构在投资过程中对贷款风险考虑较少，投资过度容易引发资产泡沫的破裂，爆发危机。Furman & Stiglitz（1998）、Glick & Hutchison（1999）、Chang & Velasco（1999，2000a，2000b）、Solomon（2003）等学者以流动性理论为视角进行了相关的研究，该理论的主要观点为新兴市场国家的经济失衡使得国际投资者大量撤资，并带来金融恐慌情绪与银行挤兑风波。为缓解金融市场的流动性不足，央行进行干预，当外汇储备耗尽时引发货币危机。Dornbusch（1999）、Schneider & Tornell（2000）、Aghion et al.（2004）、Afonso et al.（2011）、Chan & Dang（2012）等学者从资产负债表理论方面进行研究，认为东南亚金融危机的爆发源于微观企业的资产负债情况。国外债权人对未来预期的态度直接决定了投资的情况，国外投资的减少引起资金的外流与本币贬值，从而加大企业债务，进而爆发危机。

（2）国际传导角度

在货币危机模型基础上，学者们开始从国际传导的角度来探讨金融风险的传导。King & Wadhwani（1990）研究了1987年美国股票市场的崩盘，通过比较危机前后美欧股票市场之间的联系，指出美欧之间金融风险的传导在本次危机后得以加强。Janakiraman et al.（1992）的研究发现，发达国家之间、发展中国家之间都有明显的风险传导，但是发达国家与发展中国家之间不存在风险传导。Gerlach & Smets（1995）通过建立两个贸易国间的货币危机模型，发现一国货币因为投机攻击而贬值，外汇储备逐渐减少，贸易伙伴国出现贸易逆差，干预外汇市场的能力削弱，给贸易伙伴国带来风险，实现金融风险的跨国传导。Calvo et al.（1996）从"经济基本面传染"的角度进行了分析，发现经济与金融的联系使得金融风险与金融危机实现跨国传递。Rigobon & Forbes（2002）认为金融风险主要是通过国际贸易向国外溢出，实现金融风险的国际传递。Mondria & Quintana-Domeque（2013）认为一国爆发的金融风险使投资者的风险容忍度随着市场不确定性而变化，投资者容忍度的降低会导致其进行投资组合的重新配置，引发另一国的资产价格波动，由此产生了金融风险在国家间的传导。随着金融风险国际传导的研究逐步加深，学者们逐步意识到金融资源在金融市场之间是高度流动的，金融风险会在各金融市场间进行传导，风险传导是属于系统性的问题，而不仅是局部的存在，因此相关的研究逐步增多。而金融风险的国际传导属于外部传导，由此，学者们也展开了对金融风险内部传导的研究，也就是从金融市场关联性与互动性角度进行研究。

（3）金融市场关联性与互动性角度

随着金融市场间资本的流动和信息传递机制的逐步增强，金融市场日渐形成了一体化的趋势，使金融风险的传导性随之增强。学者们认为金融系统是各金融子市场的集合，因此子市场之间存在关联性与互动性，某一市场的变动会引发其他市场的变化。由此Stehle（1977）等学者以金融市场关联性和互动性为视角对金融风险传导的根源展开了一系列的研究。Stehle（1977）的国际资产价格均等化理论、Errunza & Losq（1985）的中度市场分割理论、Bekaert & Harvey（1995）的国际资本资产定价模型都是以证券市场的关联性为对象来研究风险的传导。也有学者如 Goldstein（1998）认为经济体间的金融联系是风险传染的原因。金融中介机构会因为市场中投机性攻击的出现而撤回资金，并从其他金融市场上收回流动性资金，从而导致国外投资者资金链的断裂，金融危机全面爆发。Francesco Caramazza et al.（2000）通过对墨西哥、亚洲以及俄罗斯金融危机的分析，检验了金融风险在关联市场间的传染。Cyril & Daminique（2005）通过对债券市场与股票市场的风险传导进行研究发现，股票市场对债券市场的风险传导影响大，债券市场对股票市场的风险传导影响相对小。通过上述研究，可以看到金融市场关联性的存在使得金融风险能够在相关联的市场间传导，若金融市场完全分割开来，缺乏互动性的市场间是无法进行金融风险的传递的，由此可以得出金融市场关联性与互动性是金融风险传导的基础。但是我们也可以从中发现，虽然金融市场的分工不断细化，但是对于金融市场关联性与互动性的研究对象主要选择某一个子市场或两个子市场，而三个及三个以上子市场之间影响关系的研究较少，这方面的研究有待进一步增加。

（4）行为金融学理论角度

行为金融学理论认为市场信息在传递过程中存在障碍，投资者不可能在市场中获得全部的信息。Kodres & Pritsker（2002）以及 Schwarcz（2008）的研究均表明羊群效应的影响将引发金融危机。投资者恐慌情绪的爆发与传染会带来银行挤兑现象的爆发与传染，从而引发金融危机。Hasman & Samartin（2008）在模型中引入了信息传染，指出由于信息不对称，债权人无法识别金融机构的健康与否，因此金融机构中的单个或部分会产生清偿能力下降，易引发债权人对所有金融机构信心的丧失，带来银行挤兑，其他健康金融机构随之受到影响，最终导致金融体系全盘崩溃。从上述研究中我们可以看到，投资者是金融市场的主要参与者，因此投资者的担忧以及恐慌情绪的传染推动了系统性金融风险的传导。

2.2.3 金融风险的防范

全球金融危机的爆发使得各国的金融体系都受到了冲击与破坏，也对各国的金融监管进行了一场重大的考验，充分暴露出了现行监管体制所存在的弊端，欧美金融机构和监管当局在风险暴露时未能及时有效地控制风险，造成了事态的扩大。这次危机的爆发使得各国和地区开始对其金融的监管政策进行新的审视，意识到单一的微观审慎管理已不能应对新的形势，在对传统金融监管进行了反思后，提出了防范和管理金融风险的新思路，即“构建更全面、逆周期的宏观审慎管理框架体系来防范和抑制金融风险”。因此，建立宏观审慎监管成为次贷危机之后国际金融改革的共识。为此《巴塞尔协议Ⅲ》引入了宏观审慎管理理念，将系列逆周期调控措施引入来缓释顺周期效应。《多德-弗兰克法案》提出建立金融稳定监管委员会，评估金融机构的行为，用于识别和应对金融风险。《泛欧金融监管法案》赋予了欧洲系统性风险委员会进行欧盟金融体系的宏观审慎管理的职责。

（1）宏观审慎监管角度

宏观审慎政策目标是降低金融风险以确保宏观经济不会发生大幅波动。Landau Jean Pierre（2009）指出衡量宏观审慎监管目标时应将实体经济所受影响作为重点考察对象。这种依金融周期监管可以将实体经济在金融体系的冲击中所受的影响降到最低。Borio（2009）认为实施宏观审慎监管应从跨部门维度和时间维度来进行，降低金融体系固有的顺周期性。Caruana（2010）认为对金融风险进行宏观审慎监管时需依据金融机构关联度、共同风险敞口和金融体系顺周期性对系统风险进行降低。

（2）金融风险预警角度

对金融风险的防范与控制，仅仅局限于审慎监管是远远不够的，作为金融监管的有效补充和延伸，金融风险预警系统的建立是极为必要的。随着金融风险研究的不断深入，金融风险预警的模型方法不断发展，其中影响范围较广、使用普遍的预警模型有三种：参数法（FR法）、信号分析法（KLR 法）以及横截面回归法（STV 法）。Frankel &

Rose（1996）使用了FR法估计了金融危机的发生概率，该模型简单易行，但偏差较大且没有考虑国别差异性。在此基础上，Andrew Berg & Catherine Pattillo（1999）对FR模型进行了修正。他们运用单位概率模型对货币危机进行预测，并得到了更好的预期效果，使得其中87%的危机得到了预测。Kaminsky et al.（1998）创建的KLR法，通过显著性挑选预警指标作为预警信号。但是一些学者将该方法运用到实践当中，效果却不理想。Andrew Bery & Catheriine Pattillo（1998）、Patricia Alvarez-Plata & Mechthild Schrooten（2004）运用此法对危机进行预测，得出了该方法不能对危机进行有效的预警的结论。Sachs et al.（1996）采用了STV法以克服FR模型和KLR模型的缺陷，得出结论：当一国金融体系脆弱、外汇储备较低、汇率高估时，容易引起投机攻击，从而引发金融危机。

随着数量经济学的发展，金融风险预警的模型得到了改进与创新。刘遵义（1995）用主观概率模型对发生危机的可能性进行分析，得出结论：一国货币突然大幅贬值同时伴随股市的大幅下跌，是该国金融危机的主要特征，而危机前一段时间内该国本币的持续高估是造成这种现象的主要原因。Nag & Mitra（2002）利用人工神经网络建立的预警系统，具有较为灵活的规则和捕捉变量间复杂关系的能力。Kumar et al.（2003）基于滞后宏观经济和金融数据，构建了结合FR模型和KLR模型的投机冲击预测模型，克服了上述预警模型事后预测的缺陷，提高了预警水平以应对未来投机性货币冲击和货币危机的发生。Matthieu Bussierea & Marcel Fratzscher（2006）运用基于体制转化模型的EWS模型，对1993—2001年20个新兴市场中的金融危机进行预测，得到了满意的结果，并发现这种多项Logit模型对于两个以上的国家或地区的金融风险预警效果显著。

（3）其他角度

此外，近几年还有一些学者使用不同的方法对金融风险进行测度。Adrian & Brunnermeie（2008）首创将条件风险价值法引入，以单个金融机构的倒闭为条件对金融体系的整体风险进行测量，将有系统性重要影响的机构识别出来，但不能通过加总得出整个体系的金融风险。

Tarashev et al.（2010）以 Shapley 值的博弈论理论基础进行研究，考虑了单个银行所产生的风险以及该银行在系统中对其他银行风险的贡献。Gauthier et al.（2010）、Drehmann & Tarashev（2011）、Liu & Staum（2012）则考虑到了银行网络的系统重要性。

第 2 篇　实证研究

第3章 大数据与宏观金融风险的评估与预测

宏观金融风险的评估与预测存在多种研究方法。其中，较为普遍的方法是利用线性回归法对宏观金融风险进行评估与预测。Bánbura et al.（2011）提出，定量的方法大多数是基于一组与总产出相关的解释变量，预测GDP增长，即总量预测；预测还可以基于分量预测的加总，Lütkepohl（2006）提供了总量预测与分量组合预测的详细调研；Hendry & Hubrich（2011）阐述了直接总量预测与分量加总预测的区别，并且探讨了总、分量预测的四种方法。Vosen & Schmidt（2011）、Choi & Varian（2009）在研究中均构建自回归模型，利用互联网搜索行为对经济进行预测。Choi & Varian（2009）将搜索词的词频作为变量加入线性回归模型中，对零售、房屋等四个行业的销售量做预测，结果表明加入搜索词词频的模型能够明显地改善预测效果。Wu & Brynjolfsson（2009）将房地产行业相关的搜索词合成指数加入到模型中，预测美国房地产市场销量和价格，结果表明搜索指数与未来房屋销量和价格高度相关。互联网搜索行为是在线大数据中较有代表性的信息。基于以往文献，本部分对利用互联网搜索行为进行宏观金融风险评估与预测的方法进行更深入的研究，主要体现在以下两个方面：

首先，将区分结构化数据与非结构化信息。涉及大数据的经济分析可以应用两类不同的信息，即结构化数据与非结构化信息。前者是能够用数据或统一的结构加以表示的数据，以传统的政府统计数据为代表；而后者的数据来源和形式都十分多样化，无法用数字或统一的结构表示，往往包含大量“噪声”，数据质量差，如在线文本、图像、声音等信息。大数据时代的典型特征是非结构化信息的大量存在与实时可得，数据挖掘技术的迅猛发展打开了非结构化数据可利用的空间。在现有大数据经济预测的相关研究中，或者侧重对非结构化信息的挖掘应用，或者对两类信息不加区别地利用，没有涉及对这两类信息关系的探讨及区别对待。而这又是一个十分重要的问题，因为人类在过去已经积累了一整套的经济统计体系，在根据统计数据进行预测和决策方面已经积累了丰富的经验。这是否意味着相对于成熟的统计数据而言，非结构化信息的用处不大？还是有了数据挖掘技术的发展，传统统计数据将消亡？还是两类信息各有特色，互为补充？

其次，通过探讨利用互联网搜索行为对宏观金融风险进行评估与预测的可能，比较搜索行为信息的不同利用方式，发现如果区别对待统计数据和搜索行为两类不同信息，使用“两步法”来进行宏观金融风险的评估与预测可以显著地改进预测效果。所谓“两步法”，是指在充分使用结构化数据挑选模型的基础上，再加入非结构化信息进行变量挑选。研究同时表明，单独使用互联网搜索行为并不能达到理想的预测效果，但在充分利用政府已有数据的基础上，加入互联网搜索行为可以明显改善预测效果；在线信息和传统统计数据不应是替代的关系，而应该是互补关系。

3.1 模型构建

在宏观经济分析中，可以应用两种不同种类的信息，即结构化数据与非结构化信息。结构化数据的优点是“噪声”小、数据规范，缺点是数据会有一定时间的滞后；非结构化信息的优点是信息更新快、数据实时可得，缺点是信息“噪声”大、数据来源和形式多样化。本研究将使用政府统计数据与互联网搜索行为两类信息，前者为结构化数据，而后者则属于非结构化信息。为了突出研究重点——传统结构化统计数据和新兴非结构化信息两类数据之间的区分，本部分亦基于最简单的单方程线性预测方法，比较下述不同模型对宏观金融风险评估与预测的结果，挑选最优模型。

3.1.1 基本模型

本研究以国内生产总值（GDP）作为宏观金融风险评估与预测变量，即被解释变量；以政府统计指标与互联网搜索行为作为解释变量。设 y 为被解释变量，令 $Y_t^T = \{y_\tau\}_{\tau=t}^{T}$ 是被解释变量的时间序列，$t(t=1,2,\cdots,T)$代表时期，本研究在取值上采用季度时间序列。一般情况下，$\{y_t\}_{t=1}^{T-1}$的信息是可以获得的，T代表我们希望预测的时期，也就是我们需要基于已有信息预测y_T。y_{T-i}表示滞后i期的被解释变量，ε_T为残差。$y_{T|T-1}$表示将基于（T-1）期的信息预测T期的y值。

解释变量分为两类，即政府统计指标与互联网搜索行为。令X代表政府统计指标（不包含y）。$X_t=(x_{1t},x_{2t},\cdots,x_{mt})'$是（m×1）的向量，每个分量代表时间t时的某个政府统计指标，共有m个政府统计指标。设$X^T=\{X_\tau\}_{\tau=1}^{T}$是政府统计指标的时间序列，一般情况下，在时期T，$\{X_t\}_{t=1}^{T-1}$的信息是可以获得的。同理，令Z表示测量互联网搜索行为的指标，$Z_t=(z_{1t},z_{2t},\cdots,z_{nt})'$是（n×1）的向量，每个分量代表时间t时的对互联网搜索行为信息测量的某个指标，共有n个指标。$Z^T=\{Z_\tau\}_{\tau=1}^{T}$是互联网搜索行为的时间序列，由于互联网搜索行为实时可得，所以在时期T，$\{Z_\tau\}_{\tau=1}^{T}$的信息是可以获得的。在实际操作中，我们只能使用有限期的信息作预测，如对政府统计指标可利用（T-p）~（T-1）期信息，对互联网搜索行为可利用（T-q）~T信息作预测，其中，p和q需要通过模型挑选来确定。

进行预测时，一个直观的做法是将全部解释变量平等地放入模型，通过一定的降维方法挑选出预测能力强的解释变量，从而确定预测模型。目前的已有研究也普遍采用这种思路，下文的模型6即通过这种思路来实现预测模型的构建，并在3.4部分进一步比较分析这种方法和本研究“两步法”的优劣。为了突出对两类不同信息的利用，体现“两步法”的合理性，需要对不同的利用信息的方法所产生的预测效果进行对比，因此下面采用了分步模型构建的思路。首先，利用自回归模型，单独使用被解释变量自身信息进行预测；其次，单独使用互联网搜索行为信息进行预测；再次，在被解释变量自身信息基础上，分别加入政府统计指标与互联网搜索行为信息预测；最后，在充分使用被解释变量自身与政府统计指标的基础上，加入互联网搜索行为信息进行预测。本研究使用13个结构化数据与85个非结构化信息，共98个自变量进行宏观金融风险预测。基于各类预测模型，对比分析预测结果，确定最佳的构建宏观金融风险预测模型思路。这样做的主要目的是体现在充分利用结构化数据之后加入非结构化信息进行预测的方法的合理性。具体模型如下：

模型1

$$\hat{y}^1_{T|T-1} = f(\{y_{t-\tau}\}_{\tau=1}^{i}) = \beta_0 + \beta_1 y_{T-1} + \beta_2 y_{T-2} + \cdots + \beta_i y_{T-i} + \varepsilon_T \quad (1)$$

本模型为被解释变量的自回归模型，即利用（T-1）期及之前的y信息预测T期的y，并找到最佳的滞后项组合。

模型2

$$\hat{y}^2_{T|T} = f(\{Z_{t-\tau}\}_{\tau=0}^{q-1}) = \gamma_0 + \gamma_1 Z_T + \gamma_2 Z_{T-1} + \cdots + \gamma_q Z_{T-q+1} + \varepsilon_T \quad (2)$$

本模型考察单独利用互联网搜索行为数据对y的预测能力，其中，γ_t是（1×n）的系数行向量（γ_t的含义下同，t为模型中γ的下标）。因为在T期时当期互联网搜索数据是可得的，这里利用T期及之前的互联网搜索行为对T期的y进行预测。在此期望找到自变量的一个最佳子集，设其下标集合为$\{(j_1, t_1), (j_2, t_2), \cdots, (j_r, t_r)\} \subseteq \{1, \cdots, n\} \times \{T-q+1, T-q, \cdots, T\}$，使得$y_t$能够被自变量为$z_{j_1t_1}, z_{j_2t_2}, \cdots, z_{j_rt_r}$的多元线性模型拟合和预测。

模型3

$$\hat{y}^3_{T|T-1} = f(\{y_{t-\tau}, X_{t-\tau}\}_{\tau=1}^{p}) = c + \beta_1 y_{T-1} + \cdots + \beta_i y_{T-i} + \alpha_1 X_{T-1} + \cdots + \alpha_p X_{T-p} + \varepsilon_T \quad (3)$$

模型3是将被解释变量自身信息和政府统计指标共同放入模型中，α_t是（1×m）的系数行向量（α_t的含义下同）。这里期望找到自变量的一个最佳子集，设其下标集合为$\{(j_1,t_1),(j_2,t_2),\cdots,(j_r,t_r)\} \subseteq \{1,\cdots,m\} \times \{T-p,\cdots,T-1\}$；同时期望找到被解释变量y的最佳滞后项组合，使得$y_t$能够被自变量的最佳子集以及被解释变量最佳滞后项组合的多元线性模型拟合和预测。

模型4

$$\hat{y}^4_{T|T} = c + \beta_1 y_{T-1} + \cdots + \beta_i y_{T-i} + \gamma_1 Z_T + \cdots + \gamma_q Z_{T-q+1} + \varepsilon_T \quad (4)$$

本模型将被解释变量自身信息和互联网搜索行为共同放入模型中，期望找到自变量的一个最佳子集，设其下标集合为$\{(j_1,t_1),(j_2,t_2),\cdots,(j_r,t_r)\} \subseteq \{1,\cdots,n\} \times \{T-q+1,T-q,\cdots,T\}$；同时期望找到被解释变量y的最佳滞后项组合，使得$y_t$能够被自变量的最佳子集以及被解释变量最佳滞后项组合的多元线性模型拟合和预测。

模型5

$$\hat{y}^5_{T|T} = c + \beta^* y^* + \alpha^* X^* + \gamma_1 Z_T + \cdots + \gamma_q Z_{T-q+1} + \varepsilon_T \quad (5)$$

本模型的思路是假设通过模型3的挑选产生了具有预测能力的变量组合，此处基于模型3的挑选，在被解释变量自身信息和政府统计指标基础上，加入互联网搜索行为构建模型。y^*是模型3挑选出的被解释变量最佳滞后项组合；X^*是模型3挑选出的政府统计指标变量组合，β^*和α^*是相应维数的系数向量。

模型6

$$\hat{y}^6_{T|T} == c + \beta_1 y_{T-1} + \cdots + \beta_i y_{T-i} + \alpha_1 X_{T-1} + \cdots + \alpha_p X_{T-p} + \gamma_1 Z_T + \cdots + \gamma_q Z_{T-q+1} + \varepsilon_T \quad (6)$$

模型6是将被解释变量自身信息、政府统计指标和互联网搜索行为信息共同、平等地放入模型中挑选变量，进行宏观金融风险预测，此模型亦是预测的常用做法。在OxMetrics软件的自动模型选择模块中可以实现该预测。

3.1.2 降维与模型挑选

对于利用大数据的金融风险预测，在方法上需要解决的核心问题是模型挑选问题，其中的关键则是模型的降维。原因在于伴随信息累积量呈爆炸式增长，通过大数据挖掘可得解释变量会大大增加，解释变量数量过多会产生所谓的“维数灾难”。具体如一个简单多元线性回归问题 $Y = X\beta + \varepsilon$，其中，Y为1维向量（如GDP），$X = (X_1, X_2, \cdots, X_p)$ 为可得的解释变量，为p维横向量，β为p维列向量。样本为时间序列，其数量受限于可得的时间间隔数，设为n。当X中的解释变量数大于样本数，即 $n<p$ 时，无法用最小二乘法得到系数β的估计，因此必须采用一些方法从p个解释变量中挑选出最重要的少量变量，这被称为“降维”（也是模型挑选的一种情况）。在目前研究中，较为常见的降维方法是Lasso、AIC准则和BIC准则等（Friedman et al.，2008）。[①]

随着解释变量数目的增加，所有可能的变量组合呈指数增加。在变量挑选时，理论上需要对每种变量组合进行尝试，并对比分析不同组合的预测效果，挑选效果最好的模型作为最终的预测模型。但是全部组合的计算量往往庞大到难以接受，这就是“维数灾难”。如在上述GDP预测问题中，对于模型6，将全部变量放入模型中，共会产生 1.009×10^{118} 个变量组合[②]，在计算机上耗时将为 3.2×10^{108} 年[③]。不管哪种降维方法，如Lasso、AIC准则和BIC准则等，都需要基于一定的方法简化计算量。计量经济学传统的通行方法是先把尽可能多的变量放入模型中，然后利用一些检验标准（如t-检验、F-检验，AIC与BIC准则等），通过树形路径来逐步剔除变量。[④]后面用到的OxMetrics软件的自动模型选择就利

① LASSO（Least Absolute Shrinkage and Selection Operator）算法在机器学习模型中被广为采用（参见J. Friedman，T. Hastie，R. Tibshirani，2008）。LASSO算法用如下方法估计系数β：$\beta(\lambda) = \arg\min_\beta(\|Y - X\beta\|_2^2/n + \lambda\|\beta\|_1)$，其中，$\|Y - X\beta\|_2^2 = \sum_{t=1}^{n}(Y_t|(X\beta)_t)^2$，$\|\beta\|_1 = \sum_{f=1}^{p}|\beta_f|$，$\lambda \geqslant 0$ 是惩罚参数。这种算法可直观理解为在最小二乘法基础上，增加一个惩罚项 $\lambda\|\beta\|_1$。通过惩罚项的引入，LASSO可以对一些次要变量赋予系数为0，同时实现对变量的选择。

② 本研究变量总数为98个，如果限制每个变量滞后4期，则共有392个变量，构建模型时每个变量都涉及放入与不放入模型两种选择，所以最后的变量组合数为 2^{392} 个，即 1.009×10^{118} 个变量组合。

③ 每个模型的回归与预测集4季度的逐季预测的计算用时约0.01秒（平台：Intel Core 2 i5-3337U 1.80GHz处理器，4GB内存，Windows 8.1 64-bit操作系统，R 3.1.1），则 1.009×10^{118} 个变量组合的用时共计 3.2×10^{108} 年。

④ 参见Castle et al.（2013）。

用此做法。这样做的好处是能减少计算量，但因为并没有比较所有的变量组合，有可能把某些好的变量组合漏掉；且有路径依赖，如对变量不同的剔除次序可能导致不同的结果。

由于本研究的样本数量有限，所以挑选的变量不宜过多，因为如果挑选变量太多就会产生训练集拟合效果好，而预测效果并不理想的现象。[①]这里假设最好的预测模型在滞后不超过4期中产生，即限定滞后期最多为4期[②]，并且，在回归时除GDP滞后外，政府统计指标限制解释变量为单变量和双变量两种；在模型3～5中，将GDP4作为固定变量放入模型中[③]。对于模型1～4，回归模型中的解释变量总数限制为不超过5个；对于模型5，在模型3挑选的最优变量组合基础上增加搜索行为变量时，限定只新增加1个搜索行为变量，滞后不超过3期[④]。在此限定增加的搜索行为变量为1个是可以理解的，因为本研究关注的是在结构化数据基础上，增加非结构化信息能否帮助预测。如果增加1个非结构化信息就能帮助预测，那么增加更多的非结构化信息则对预测更有帮助。

这样前5个模型全部计算量共为25 245个线性回归模型。其中，对于模型1，即GDP自回归预测模型中，包含15个线性模型[⑤]；仅互联网搜索行为，即模型2，包含1 275个线性模型[⑥]；对于模型3，GDP滞后4期加政府统计指标（单、双变量），共包含15 030个线性模型[⑦]；GDP滞后4期加互联网搜索行为模型，即模型4，共包含1 275个线性模型[⑧]；对于模型5，政府统计指标最优模型加互联网搜索行为，共包含7 650个线性模型[⑨]。对于前5个模型，我们计算单个模型的回归与预测集4季

① 模型维数过高会产生过度拟合问题，参见Chem（1995）。

② 在GDP预测中，对于季度时间序列限定滞后期最多为4期是一种通行做法，可参见Davidson（1993）。

③ GDP4是对GDP样本值拟合最好的变量。

④ “滞后不超过3期”的含义是，包含百度搜索指数当期外，其滞后期数最多为3期，则百度搜索指数共有4期数据。

⑤ GDP的滞后期为1～4期，则共有4个变量。每个变量都涉及放入与不放入模型两种选择，除去没有任何变量的这一个模型（下同），GDP自回归模型总数为$2^4-1=15$（个）。

⑥ 互联网搜索行为的滞后期为0～3期，0期即为预测当期，本研究包含85个互联网搜索行为变量，则模型2的模型总数为85×（2^4-1）=1 275（个）。

⑦ 本研究包括12个政府统计指标变量，模型3的单、双变量的滞后期均为1～4期，则单变量模型组合数为12×（2^4-1）=180（个）；双变量模型组合数为12×11/2×（2^4-1）×（2^4-1）=14 850（个），所以模型3的模型组合数为180+14 850=15 030（个）。

⑧ 模型4的模型总数为85×（2^4-1）=1 275（个）。

⑨ 在模型3选择最优模型时，限定选择单变量模型组合3个，双变量模型组合3个，则共有6个最优模型。模型5的模型组合数为6×85×（2^4-1）=7 650（个）。

度的逐季预测的计算用时约0.01秒，进行全部25 245个模型的计算共用时253.9秒（平台：Intel Core 2 i5-3337U 1.80GHz处理器，4GB内存，Windows 8.1 64-bit操作系统，R 3.1.1）。

3.2 数据说明

本研究的宏观金融风险预测变量为GDP，解释变量分为两类。一类为政府统计指标，属于结构化数据。数据来源于国家统计局网站，以2005—2016年的政府统计月度数据为基础，挑选出与宏观金融风险紧密相关的12个指标，包括消费价格指数、社会消费品零售总额等，经过整理、计算生成季度数据（样本的统计特征见表3-1）。为消除异方差的影响，对GDP、出口总值、进口总值、外商直接投资、社会消费品零售总额、国家财政收入、流通中现金、货币和准货币变量取自然对数。

表3-1 政府统计指标的样本统计特征

变量	含义	均值	标准差	最小值	最大值
cpi	消费价格指数	103.1206	2.2806	98.8333	108.0667
rpi	商品零售价格指数	102.5333	2.2942	98.4000	107.5000
ppi	生产价格指数	101.5794	4.4940	92.3000	109.7333
mpmi	制造业采购经理指数	52.2431	2.8434	41.5333	56.2667
nmpmi	非制造业采购经理指数	56.7247	2.2864	51.7000	61.0000
ex	出口总值	8.1204	0.1268	7.8868	8.3257
im	进口总值	8.0500	0.1437	7.7816	8.2271
fdi	外商直接投资	3.9652	0.3538	3.4248	4.5347
cr	社会消费品零售总额	4.0863	0.1720	3.7782	4.3392
nfr	国家财政收入	3.8310	0.1788	3.4988	4.1204
M0	流通中现金	4.6109	0.1450	4.3746	5.0500
M2	货币和准货币	5.8081	0.1842	5.5020	6.0799

另一类解释变量来源于互联网搜索行为，为2006—2015年的百度指数网站的相关百度搜索指数。百度搜索指数的计算是以网民在百度的搜索量为数据基础，以关键词为统计对象，分析并计算出各个关键词在百度网页搜索中搜索频次的加权和。[①]百度搜索指数是以每日为频率的时间序列，在其网站基于提供的日数据，可以换算出周、月、季度等数据的时间序列。虽然百度搜索指数是经过标准化处理的，但因为其来源为网民的搜索行为，而搜索行为是非常复杂和不规范的，所以在本质上是非结构化的，所以百度搜索指数属于非结构化信息。

这里共选取85个百度搜索指数来衡量互联网搜索行为。将此85个百度搜索指数分成五类，根据和宏观金融风险的联系，这五类分别为：消费、投资、净出口、政府购买和就业。根据网民搜索与宏观金融风险的关联，分别挑选和确定代表性的搜索词，收集相应的百度搜索指数，确定每类信息搜索的词语与变量的数量。搜索词的挑选是经过多轮的小组讨论和专家讨论所确定的。研究最终选取书、美容等22个搜索词作为消费类代表；贵金属、房地产等20个搜索词作为投资类代表；出口、进口等27个搜索词作为净出口类代表；政府采购、基础设施建设等9个搜索词作为政府购买类代表；选取兼职、招聘等7个搜索词作为就业类代表。百度搜索指数概况见表3-2。

表3-2 **百度搜索指数变量含义**

变量	含义	包含指数
C	消费	共22个，$C_1 \sim C_{22}$
I	投资	共20个，$I_1 \sim I_{20}$
N	净出口	共27个，$N_1 \sim N_{27}$
G	政府购买	共9个，$G_1 \sim G_9$
E	就业	共7个，$E_1 \sim E_7$

本部分研究的全部数据为2006年4季度至2014年3季度共32期，

① 进行词条搜索时，可以在百度指数主页面搜索栏中直接键入搜索词进行搜索，百度网站已经对搜索词的搜索频次进行了日统计，本研究采用的是PC搜索指数。百度搜索指数以全球最权威的中文检索数据为基础，通过科学、标准运算，并且以直观的图形界面展现，帮助用户最大化获取有价值信息，百度搜索指数每天更新一次。对百度指数的更多了解请参见http://index.baidu.com/。

把2006年4季度至2013年3季度共28期作为训练集；预测集为2013年4季度至2014年3季度共4期，预测时采用逐步预测法[①]。按照模型1～5，对变量作回归和预测，最后选择最佳模型作为我们的预测模型。在对模型进行筛选时，首先利用训练集数据，针对每一类模型，使用贝叶斯（BIC）信息准则对变量组合进行排序，选出较低BIC值的滞后项组合作为该变量组合的代表模型；其次将各变量组合的代表模型按照BIC值排序，根据训练集BIC值挑选最优预测模型。[②]

3.3 计量结果及分析

根据上述的建模思路，在此限定除在GDP自回归模型中使用GDP滞后1～4期外，其余模型计量均使用GDP滞后4期（以GDP4表示）作为解释变量；由于政府统计指标在获取时存在一定的时滞，在此取政府统计指标X的滞后1～4期作为解释变量；由于百度搜索指数的实时可得性，在此取百度搜索指数Z的当期与滞后1～3期作为解释变量。在对模型进行筛选时，按照BIC值从小到大顺序进行排序，由于篇幅所限，在书中除模型1的计量结果仅列出排序第一位外，其余模型计量结果只列出排序的前三位（见表3-3）。回归和预测效果体现在表3-3的最后两列，即训练集均方差（Mean Squared Error，MSE）值与预测集MSE值。

表3-3的第一列为3.1节所述的对应模型。模型1是GDP的自回归模型，模型2是仅使用百度搜索指数的回归模型，模型4的解释变量为GDP自身滞后和百度搜索指数。由于模型2和模型4列出了BIC值较小的前三位，所以将这前三位分别表示为2A～2C和4A～4C。模型3的解

① 逐步预测法（Step by Step）是在进行下一期预测时，将前一期的预测值当作训练值放入模型中。

② 这里并没有进行单位根和协整检验等时间序列模型中的常用程序。因为单位根和协整检验都依赖于相应模型的大样本性质（渐进分布），而这对本研究所针对的高维问题（即当解释变量数相对于样本数太多时）显然是不适用的。本研究候选变量数共为97个，用于训练模型的样本数仅为28期，实际上也无法进行合理的协整检验。因为大数据模型往往是面对高维问题的，所以标准的大数据分析方法中一般都不包括单位根和协整检验这些程序（参见Hastie et al.，2008）。而且这些模型的目的是寻找最佳线性预测模型，不是因果关系的验证，因此虽然不能很好地利用大样本性质，但可以把数据集分为训练集和预测集，通过在预测集上的表现来挑选尽可能好的预测模型。

表 3-3 **模型 1～5 的计量结果**

模型			模型变量	BIC值	训练集 MSE	预测集 MSE
模型1			GDP4	−125.63	0.000320	0.000204
模型2	2A		$G_5$2	−79.59	0.002129	0.004354
	2B		$G_5$0、$G_5$2	−79.17	0.001915	0.003025
	2C		$G_5$1、$G_5$2	−78.74	0.001945	0.003765
模型3	3.1	3.1A	GDP4、mpmi1、mpmi3	−168.86	0.000078	0.000101
		3.1B	GDP4、mpmi1、mpmi2、mpmi3	−167.66	0.000072	0.000079
		3.1C	GDP4、mpmi1、mpmi3、mpmi4	−165.57	0.000078	0.000100
	3.2	3.2A	GDP4、CPI1、CPI2、mpmi1、mpmi3	−182.76	0.000037	0.000119
		3.2B	GDP4、CPI1、CPI3、mpmi1	−181.29	0.000044	0.000138
		3.2C	GDP4、CPI1、CPI2、mpmi1	−180.96	0.000045	0.000127
模型4	4A		GDP4、I_{15}0	−151.33	0.000164	0.000011
	4B		GDP4、I_{15}0、I_{15}1	−148.05	0.000163	0.000013
	4C		GDP4、$I_6$0	−146.97	0.000191	0.000032
模型5	5.1	5.1A	GDP4、mpmi1、mpmi3、$I_6$0	−184.32	0.000040	0.000049
		5.1B	GDP4、mpmi1、mpmi3、$N_7$0	−182.68	0.000042	0.000082
		5.1C	GDP4、mpmi1、mpmi3、$I_6$0、$I_6$1	−181.90	0.000038	0.000052
	5.2	5.2A	GDP4、mpmi1、mpmi2、mpmi3、$I_6$0	−185.98	0.000033	0.000035
		5.2B	GDP4、mpmi1、mpmi2、mpmi3、$N_7$0	−184.29	0.000035	0.000064
		5.2C	GDP4、mpmi1、mpmi2、mpmi3、$I_6$0、$I_6$1	−183.87	0.000032	0.000037
	5.3	5.3A	GDP4、mpmi1、mpmi3、mpmi4、$I_6$0	−183.75	0.000036	0.000046
		5.3B	GDP4、mpmi1、mpmi3、mpmi4、$I_6$0、$I_6$1	−180.53	0.000036	0.000048
		5.3C	GDP4、mpmi1、mpmi3、mpmi4、$N_7$0	−179.46	0.000042	0.000084
	5.4	5.4A	GDP4、CPI1、CPI2、mpmi1、mpmi3、$I_6$0、$I_6$1	−194.09	0.000020	0.000061
		5.4B	GDP4、CPI1、CPI2、mpmi1、mpmi3、N_{13}0	−192.40	0.000023	0.000083
		5.4C	GDP4、CPI1、CPI2、mpmi1、mpmi3、$I_6$0	−191.95	0.000024	0.000056
	5.5	5.5A	GDP4、CPI1、CPI3、mpmi1、$C_3$0、$C_3$1	−190.55	0.000025	0.000191
		5.5B	GDP4、CPI1、CPI3、mpmi1、$I_6$0	−189.55	0.000029	0.000059
		5.5C	GDP4、CPI1、CPI3、mpmi1、$C_3$1	−188.56	0.000030	0.000152
	5.6	5.6A	GDP4、CPI1、CPI2、mpmi1、$C_3$0、$C_3$1	−188.44	0.000027	0.000178
		5.6B	GDP4、CPI1、CPI2、mpmi1、$C_3$1	−186.80	0.000032	0.000140
		5.6C	GDP4、CPI1、CPI2、mpmi1、$N1_9$0、$N1_9$1	−185.89	0.000030	0.000181

注：变量尾数 1，2，…分别表示滞后 1 期，2 期，…；变量尾数 0 表示预测当期。如 mpmi3 表示 mpmi 变量的滞后 3 期。

释变量为GDP自身滞后和政府统计指标，鉴于上文所述将政府统计指标限定为单变量和双变量两种，对应的模型分别为3.1和3.2；由此3.1和3.2模型中BIC值较小的前三位分别表示为3.1A～3.1C和3.2A～3.2C。模型5是对模型3的改进，是为了检验在政府统计变量基础上增加百度搜索指数能否改善预测效果而设置。模型5.1～5.3是分别对模型3.1A～3.1C的改进，是在模型3.1A～3.1C的基础上对应的增加百度搜索指数后得到的回归结果，模型5.4～5.6是分别对模型3.2A～3.2C的改进，是在模型3.2A~3.2C的基础上对应增加百度搜索指数后得到的回归结果。具体来说，模型5.1是对模型3.1A的改进，是在3.1A回归变量的基础上增加单变量百度搜索指数，通过BIC值进行挑选后得到的模型；模型5.1中BIC值较小的前三位分别表示为5.1A～5.1C，模型5.2～5.6中所包含的模型同理。

3.3.1 五种模型的计量结果

对上述模型1～5分别进行回归与预测，得到的计量结果见表3-3。

为了减少随机因素对模型挑选的影响，提高预测的稳健性，将各模型（此部分除模型1外）中BIC值较小的前三位的某一期预测GDP取平均作为该期的预测GDP值，由此计算预测集中4期预测的均方差，同理产生训练集的均方差，计算结果见表3-4。

①按照模型1，对GDP进行自回归分析，结果显示只有GDP4（GDP滞后4期）被保留。依此进行预测，预测集均方差为0.000204，说明仅用GDP4可以对GDP进行较好的预测。

②按照模型2，单独使用百度搜索指数对GDP进行回归与预测。按照BIC准则进行挑选，排名前三位的解释变量组合分别为：$G_5$2、$G_5$0与$G_5$2、$G_5$1与$G_5$2（G_5为百度搜索指数“税收”）。可以看出，单独使用百度搜索指数进行回归，BIC值要高于单独使用GDP4作为解释变量预测的模型（后文简称“单独使用GDP4”）；并且预测集MSE也高于单独使用GDP4。这说明单独使用百度搜索指数进行回归和预测，效果较模型1要差。

表3-4 **模型1～5的训练集MSE与预测集MSE**

模型		训练集MSE	预测集MSE
模型1		0.000320	0.000204
模型2		0.001915	0.003661
模型3	模型3.1	0.000074	0.000093
	模型3.2	0.000039	0.000127
模型4		0.000145	0.000016
模型5	模型5.1	0.000036	0.000047
	模型5.2	0.000029	0.000031
	模型5.3	0.000034	0.000045
	模型5.4	0.000020	0.000060
	模型5.5	0.000024	0.000120
	模型5.6	0.000023	0.000123

注：按照BIC值选取每个模型中的最优三个模型，设其拟合与预测结果为$\hat{Y}_1, \hat{Y}_2, \hat{Y}_3$，则平均拟合及预测结果为$(\hat{Y}_1+\hat{Y}_2+\hat{Y}_3)/3$，再计算该平均拟合及预测值与真实GDP的差异，最后得到训练集和预测集的MSE。

③在大多数挑选出的模型中，都有百度搜索指数预测当期信息的存在，这说明百度搜索指数当期信息有助于宏观经济预测。由此可知，在线信息的优势是当期数据的实时可得，可以推测就历史信息而言，百度搜索指数并没有优势，但它的优势在于当期数据的可获取性。所以，应该在发挥传统数据“噪声”小的优点的同时，注意应用在线的实时信息。

④根据模型3的回归结果可以看出，模型3.1A～3.1C与3.2A～3.2C的BIC值均低于模型1和模型2；模型3.1A～3.1C与3.2A～3.2C的预测集MSE也均低于模型1和模型2。这说明模型3的预测效果要高于模型1和模型2，是对前2个模型的改进。因此，就GDP自身预测而言，在基于自身历史信息基础上，增加其他政府统计变量的滞后项能够帮助改进预测效果。

⑤由模型4的回归和预测结果可以看出，按照BIC准则进行挑选，

排名前三位的解释变量分别为：GDP4与$I_{15}0$；GDP4、$I_{15}0$与$I_{15}1$；GDP4与$I_{6}0$（I_{15}为百度搜索指数“房地产”，I_{6}为“收藏品”）。模型4的预测集MSE低于模型1、2和3，说明模型4的预测效果要高于模型1、2和3。

⑥在模型5的回归预测结果中，模型5.1～5.3是分别对模型3.1A～3.1C的调整，调整后BIC值均有所降低；根据预测集的MSE值可得，模型5.1的预测效果较3.1A改善53%；模型5.2的预测效果较3.1B改善61%；模型5.3的预测效果较3.1C改善55%。模型5.4～5.6是分别对模型3.2A～3.2C的调整，调整后BIC值有所降低；根据预测集的MSE值可得，模型5.4的预测效果较3.2A改善50%；模型5.5的预测效果较3.2B改善13%；模型5.6的预测效果较3.2C改善3%。这说明在政府统计变量基础上增加百度搜索指数，可以增强预测效果，非结构化信息是结构化数据的良好补充。

3.3.2 初步结论

①仅使用互联网搜索行为，预测效果并不理想。仅使用互联网搜索行为（模型2），其预测误差是单独使用GDP4（模型1）的18倍。对比模型2和模型3，可以看出，模型2的BIC值和预测集MSE均高于模型3。这说明在利用政府统计变量和互联网行为进行回归和预测时，即使我们可以得到实时的搜索数据，而政府统计变量我们只能利用历史时期的数据，但互联网搜索行为数据的解释与预测能力依然大大差于统计数据，由此可知传统的政府统计数据是十分有意义的，互联网搜索行为数据并不能取代政府统计数据。模型4的BIC值也高于模型3，说明即使两个模型都包含GDP，搜索行为也不能取代政府统计数据。究其原因在于搜索数据源自大量杂乱无序的搜索行为的整理，而影响人们搜索行为的因素太过庞杂，使得搜索数据包含的“噪声”过大；而政府统计数据因为其统计制度和执行的一贯性和严谨性，在时间序列上相对“噪声”较小。

②在政府统计变量的基础上，增加互联网搜索行为变量可以帮助改进预测。从结果可以看出，不管基于单独使用GDP自身信息进行预测，

还是利用其他统计指标进行预测，互联网搜索行为的加入都可以明显地改进预测效果。例如，对于只利用GDP自身信息的模型1而言，加入互联网搜索行为后的最优模型（即模型4A，GDP4与$I_{15}0$）较单独使用GDP4的预测效果改善95%。对于即使已经包含了GDP和政府统计指标而挑选出的最佳模型（模型3.2A）而言，加入搜索行为后也能改进50%的预测效果（见表3-4）。为了验证这一点，我们可以注意考察包含GDP自身信息和政府统计指标单变量的BIC最小前三位的模型（即模型3.1A、3.1B、3.1C），每一个分别和在其基础上允许增加搜索行为信息后筛选出的模型进行比较。对于模型3.1A而言，加入搜索信息的排名前三的模型按照BIC标准都能打败原模型，且预测MSE分别改进了51%、19%、49%，平均改进53%。模型3.1B和3.1C同样也平均改进了61%和55%，模型3.2A～3.2C的情况也类似。对于模型3.1A～3.1C和3.2A～3.2C总体而言，加入搜索行为后产生的18个模型，预测MSE平均改进了39%（见表3-5）。

表3-5　**模型改进后的预测MSE改进效果**

基础模型	改进模型	预测MSE改进效果（%）
模型3.1A	模型5.1（包含5.1A～5.1C）	53
模型3.1B	模型5.2（包含5.2A～5.2C）	61
模型3.1C	模型5.3（包含5.3A～5.3C）	55
模型3.2A	模型5.4（包含5.4A～5.4C）	50
模型3.2B	模型5.5（包含5.5A～5.5C）	13
模型3.2C	模型5.6（包含5.6A～5.6C）	3
	平均改进	39

③尽管单独使用GDP4有很强的预测作用，但仅考虑GDP滞后的自回归模型不是一个最好的预测模型。如果将仅包含GDP滞后信息的第1类模型和增加政府统计指标的第3类模型及GDP加搜索行为的第4类模型进行比较，仅仅考虑单独使用GDP4的模型在全部模型中BIC排名最次。排到前33位的均为GDP加政府统计指标的第3类模型。如果限制只增加一个统计指标（即模型3.1），较单独使用GDP4的预测MSE改进

54 %。如果限制只增加两个其他统计指标，较单独使用GDP4的预测MSE改进46%。

从以上对比可以看出，在充分利用了GDP自身信息和其他结构化的统计指标的基础上，再增加互联网搜索行为几乎总能有效地改进预测。由此说明，当可用信息包括传统的结构化统计指标和在线非结构化的数据时，构建一个好的预测模型的可行方法是分两步进行，第一步先基于结构化指标挑选出一个暂时最佳模型，第二步在第一步挑选出的模型基础上，再加入非结构化信息，挑选出最优模型。这种方法可称之为“两步法”。随之而来的疑问是，我们能不能把两步并作一步，即直接全部考虑所有结构化和非结构化的指标，一步挑选出一个最优模型呢？改变变量的时间区间会影响互联网搜索行为的预测能力吗？

3.4 比较分析

3.4.1 “一步法”与“两步法”的比较

上述分析中，本研究用到了一个极为重要的预测方法——“两步法”，即在充分利用结构化数据的基础上加入非结构化信息再进行预测。下面我们对两种构建预测模型的技术路线，即“一步法”和“两步法”进行对比分析。

(1)“一步法”

“一步法”的基本思路是，对结构化和非结构化变量平等对待，直接基于所有可选的变量，采用某种标准（如BIC标准）进行模型挑选。因可选模型个数随候选变量呈指数增长，计算量十分巨大，所以在实际计算中都不可能采用穷举的方法来对比所有模型。一般的做法是通过树形路径，利用一些检验标准（如t-检验、F-检验，以及AIC或BIC标准）来逐步剔除变量。[①]树形路径的优点是大大减少了计算量，但缺陷是有路径依赖，可能把某些能产生更好预测效果的变量组合排除在考虑之外。

① 参见Castle et al.（2013）。

目前进行模型挑选和经济预测较为流行的软件为OxMetrics软件。利用OxMetrics软件，将GDP滞后4期、政府统计数据X滞后（1～4）期、互联网搜索行为信息Z的当期与滞后（1～3）期全部放入候选解释变量，用自动模型选择功能进行回归与预测，结果见表3-6。

表3-6 **OxMetrics计量结果**

模型	模型变量	训练集MSE	预测集MSE
自动模型选择（Target Size=0.01）	GDP4、nmpmi1、$C_6$2、C_{22}3、$N_7$2、$N_7$3、$I_6$1、$I_6$3	0.000114	0.000768

注：变量尾数1，2，…分别表示滞后1期，2期，…；变量尾数0表示当期。

（2）“两步法”

先利用GDP滞后信息和其他统计指标挑选出一个最优模型，然后增加互联网搜索行为变量，进一步筛选模型。这样做的一个基本思想是先充分挖掘结构化数据中所包含的有用信息，在此基础上把互联网搜索行为作为一个补充增加进来。这样做也能够显著地减少计算量，比如上述的第5个模型。对于本研究的数据，即结构化数据变量13个，非结构化信息变量85个，如果我们采用“一步法”，会有1.009×10^{118}个变量组合①，但是如果用“两步法”，则所有可能组合数有2.240×10^{102}个②，可见，“两步法”需要考虑的变量组合数仅为“一步法”变量组合数的1/（5×10^{15}）。

我们这里的具体做法是在第一步挑选中，如前所述考虑到样本数量，我们限制其他统计指标最多为两个及其相应滞后。根据表3-3，按照BIC准则，模型3.2A会被选中。在第二步挑选中，我们也限制增加的互联网搜索行为指标最多为一个及其滞后，根据BIC指标挑选出前三名进行预测。根据表3-3即为模型5.4（包含5.4A～5.4C）。将挑选出的模型5.4A～5.4C分别对GDP做预测，取3个预测值的平均作为本研究最终

① 本研究变量总数为98个，如果限制每个变量滞后4期，则共有392个变量，构建模型时每个变量都涉及放入与不放入模型两种选择，所以最后的变量组合数为2^{392}个，即1.009×10^{118}个变量组合。

② 每个统计指标或搜索行为变量的总期数均为4期，先从13个统计指标中挑选，变量组合数为2^{52}个，再从85个搜索行为变量中挑选，变量组合数为2^{340}个，所以共为$2^{52}+2^{340}=2.240\times10^{102}$（个）。

的GDP预测结果（见表3-7）。

表3-7 “一步法”与“两步法”回归预测结果对比

模型	训练集MSE	预测集MSE
OxMetrics自动模型选择	0.000114	0.000768
5.4A	0.000020	0.000061
5.4B	0.000023	0.000083
5.4C	0.000024	0.000056
5.4（5.4A ~ 5.4C的平均）	0.000020	0.000060

注：对于5.4A ~ 5.4C，按照BIC值选取每个模型中的最优三个模型，设其拟合与预测结果为$\hat{Y}_1, \hat{Y}_2, \hat{Y}_3$，则平均拟合及预测结果为$(\hat{Y}_1 + \hat{Y}_2 + \hat{Y}_3)/3$，再计算该平均拟合及预测值与真实GDP的差异，最后得到训练集和预测集的MSE。

对比可见，利用OxMetrics进行的“一步法”挑选出的最佳模型的训练集MSE为0.000114，远远高于“两步法”预测的训练集MSE值0.000020，并且前者的预测均方差0.000768高于后者的预测均方差0.000060，“两步法”的预测集均方差较前者改善了92%。

将“一步法”和“两步法”的预测结果与GDP样本值的差值绘入图3-1。图3-1中刻画的时期是从2006年4季度到2014年3季度，其中后四个季度为预测集。OxMetrics软件按照表3-6挑选的模型变量进行拟合和预测；本研究“两步法”按照挑选出的模型5.4A ~ 5.4C分别对GDP做预测，取3个预测值的平均作为最终的GDP值。从图3-1可以明显看出，“两步法”的预测能力要远远高于“一步法”。

3.4.2 不同时间区间的互联网搜索行为预测能力比较

为了验证“两步法”的有效性不会受到变量时间区间变化的影响，在此做一个对比分析，即尝试将互联网搜索行为信息的时间区间也截止于（T-1）期，看此时结论会发生怎样的变化。本部分将互联网搜索行为当期数据从原数据集中剔除，即政府统计数据和百度搜索指数均取值至（T-1）期。将上述的模型3与模型5用新的数据进行预测，利用预测集MSE检验预测效果，结果显示在表3-8的第三列。为了减少随机因

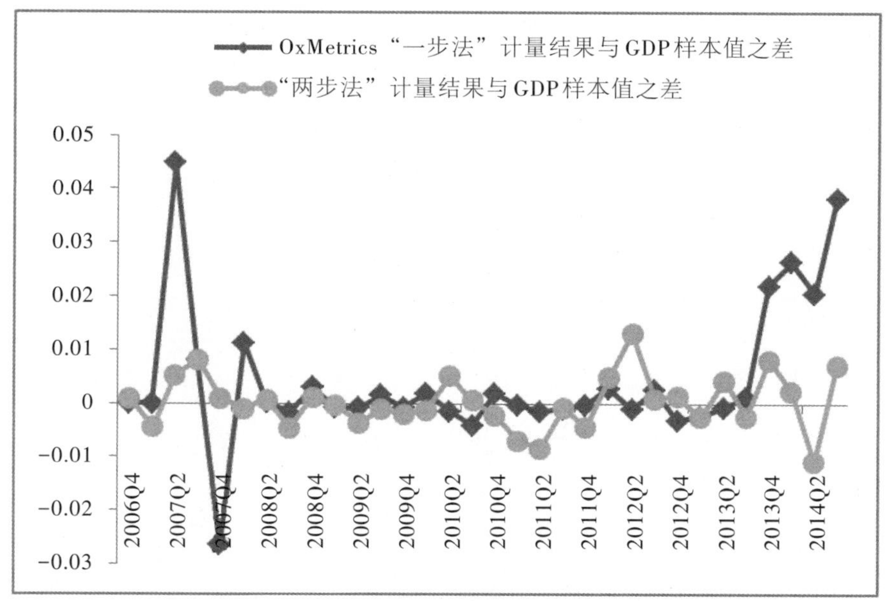

图3-1 “一步法”与“两步法”的计量结果与GDP样本值之差

素对模型挑选的影响，提高预测的稳健性，将模型中BIC值较小的前三位的某一期预测GDP取平均作为该期的预测GDP值，由此计算预测集中4期预测的均方差。根据表3-8第三列的数值可知，模型5.1的预测效果较3.1A改善40.69%；模型5.2的预测效果较3.1B改善53.11%；模型5.3的预测效果较3.1C改善40.01%；模型5.4的预测效果较3.2A改善25.45%；模型5.5的预测效果较3.2B改善15.96%；模型5.6的预测效果较3.2C改善37.63%；模型5较模型3平均改进35.47%。由此同样说明在政府统计变量基础上增加百度搜索指数，可以增强预测效果。虽然使用百度搜索指数的最大优势是其当期信息的可获得性，但从预测结果来看，是否有百度搜索指数的当期数据并不影响“两步法”的预测效果。所以，即使改变变量的时间区间，“两步法”依然有效，这也进一步证明了“两步法”的普适性。

另外，表3-8的“对比改进”列是剔除互联网搜索行为当期信息后的预测结果与包含互联网搜索行为当期信息预测结果的对比，从表中结果可知，在模型5的对比分析中，剔除互联网搜索行为当期信息后，模型5.1～5.4的预测能力均有所下降；将所有预测结果对比，剔除互联网搜索行为当期信息后，预测效果较之前平均下降14.93%。可见，互联网搜索行为当期信息对宏观经济预测产生极为重要的作用，“两步法”的一个优势也在于在滞后的传统统计数据的基础上，加入实时可得的互联网搜索行为信息，充分利用互联网搜索行为当期信息来弥补统计数据滞后的不足，从而使预测结果更为准确。

表3-8 **模型预测效果的比较分析**

基础模型	改进模型	预测MSE改进效果（%）	对比改进（%）
模型3.1A	模型5.1（包含5.1A～5.1C）	40.69	-27.66
模型3.1B	模型5.2（包含5.2A～5.2C）	53.11	-19.35
模型3.1C	模型5.3（包含5.3A～5.3C）	40.01	-33.33
模型3.2A	模型5.4（包含5.4A～5.4C）	25.45	-48.33
模型3.2B	模型5.5（包含5.5A～5.5C）	15.96	3.33
模型3.2C	模型5.6（包含5.6A～5.6C）	37.63	35.77
平均改进		35.47	-14.93

注：按照BIC值选取每个模型中的最优三个模型，设其拟合与预测结果为$\hat{Y}_1, \hat{Y}_2, \hat{Y}_3$，则平均预测结果为$(\hat{Y}_1+\hat{Y}_2+\hat{Y}_3)/3$，再计算该平均预测值与真实GDP的差异，最后得到预测集的MSE。

3.4.3 “两步法”的科学机理探讨

首先，“两步法”的优势重点体现在降维的思想上。为了提高计算效率，普遍的做法是在降维时都没有进行穷举。因为模型挑选时所使用的变量都为随机变量，所以在进行变量组合时，就会产生保留“噪声”较大，而误删“噪声”较小的信息的可能。在进行宏观经济预测时，会使用结构化数据和非结构化信息，由上文可知，这两类信息的“噪声”程度是不一样的。为了避免“噪声”大的信息对“噪声”小的信息产生影响，应该将两类信息分开使用。所以，“两步法”提出先穷尽使用结构化数据，再加入非结构化信息进行模型挑选，这样可以减少犯错误的概率，使挑选的模型更具有准确性和普遍性。

其次，“两步法”的优势在于其能更好地使用时间区间不同的各类数据。如前所述，结构化数据和非结构化信息所包含的信息特点是不同的。非结构化特征的互联网搜索行为具有实时可得的优势，所以其信息的时间区间包含当期，但结构化特征的统计指标，其信息存在一定时间的滞后，所以它的时间区间不包含当期信息。由于两类信息的时效性差别，在同一时间区间内，结构化数据的预测效果要好于非结构化信息；但在不同时间区间内，由于非结构化信息包含更多的新信息，其预测效果往往要好于结构化数据。若不区分时间区间而将两类信息一同使用，其结果的准确性将会受到影响。所以，“两步法”利用不同步骤处理信息的方法可以很好地区分两类变量不同的时间区间，更有效、更充分地使用两类信息。

可见，当可选解释变量明显地包含传统统计变量和非结构化信息两类统计变量时，“两步法”是一个更好的选择。而在大数据时代，以在线信息为代表的非结构化信息每天都在以惊人的速度产生，这些新的数据来源既是我们进行经济分析和预测的宝库，也对我们如何利用提出了挑战。以上研究表明，这些非结构化信息的最好角色并不是对传统统计指标的替代，而是补充。我们在经济分析和预测中既不能舍本逐末，抛弃现有统计数据，盲目追求利用大数据，也不能固步自封，局限于现有统计数据，以大数据杂乱无序为由排斥对大数据的利用。

第4章 大数据与货币金融风险的评估与预测

近年来，随着物联网、大数据、移动互联网等信息技术的创新与发展，互联网与传统金融服务的结合更加紧密。互联网正在改变传统的金融贷款、支付等核心业务，开创了互联网金融发展的新格局。

谢平（2012）提出了网络财务的概念模型，并研究了其支付、信息处理和资源分配，他认为互联网金融模式可以提高资源配置效率，降低交易成本，促进经济增长，这将产生巨大的社会效益。在网络借贷研究方面，Agarwal & Hauswald（2008）指出，通过互联网为小企业贷款融资的主要原因是小企业无法拥有高水平的公共信用。然而，由于在网络匿名环境下的贷款经验不足，网络平台贷款面临更大的风险（Klafft，2008）。与传统金融机构相比，P2P借贷的社会网络可以有效地降低贷款审查的成本，促进小额信贷的发展，网络借贷的低利率可以帮助自由职业者收入不稳定生存（Freedman et al.，2008）。吴晓光（2011）从信息中介、网络的完整性和长尾效应方面讨论了互联网金融助力中小企业融资的可能。巴曙松（2012）认为网络借贷不仅突破了地域的局限，还提高了资本的效率，降低了审计成本。

本部分依然区分传统的政府统计数据和在线数据。前者可以用数据或统一的结构来表示，后者的信息来源和形式多样，不能用数字或统一的结构来表达，而且常常含有大量的“噪声”。在大数据时代，有大量的在线数据，可以实时获取。数据挖掘技术的快速发展有助于在线数据的使用。

4.1 数据描述

本部分使用的货币金融风险变量是货币供应量的月度数据（即M2），可从国家统计局网站获取2011年1月到2020年12月的预测变量的月度数据。研究的解释变量分为两类。一类是政府统计指标，这些数据是从国家统计局网站获取的2011年1月到2020年12月的月度数据。选择与宏观经济密切相关的7个指标，包括生产者价格指数、制造业采购经理人指数等（见表4-1）。为了消除异方差的影响，对出口总值、进口总值变量取自然对数。统计特性如表4-1所示。

表4-1　**政府统计数据的样本统计特征**

变量	含义	均值	标准差	最大值	最小值
M2	货币供给量	14.1166	0.3139	14.5979	13.5061
rpi	商品零售价格指数	101.6592	1.4565	106.1000	98.9000
ppi	生产价格指数	100.4317	5.0311	111.0000	93.1000
mpmi	制造业采购经理指数	50.5983	1.6440	53.4000	35.7000
nmpmi	非制造业采购经理指数	54.5317	2.6152	59.2000	29.6000
ex	出口总值	19.0554	0.1650	19.4572	18.3875
im	进口总值	18.8660	0.1374	19.1324	18.3540

研究引入了另一类解释变量，即百度搜索指数提供的在线数据，时间区间为2011年1月到2020年12月。百度搜索指数科学地分析和计算百度网页搜索中每个关键词的频率加权和。本部分选取的在线数据变量

分为四大类，分别是消费、投资、净出口和政府采购。根据数据和宏观经济的关联，选择有代表性的搜索词，确定每个类型信息的检索词的个数。所选搜索词的总数为28个，检索词概况见表4-2。

表4-2 **百度搜索指数概况**

变量	含义	变量
C	消费	$C_1 \sim C_7$（书、酒店等）
I	投资	$I_1 \sim I_7$（股票、国债等）
N	净出口	$N_1 \sim N_7$（出口许可证、进口配额等）
G	政府购买	$G_1 \sim G_7$（政府采购、工程项目招标等）

本部分全部数据为2011年1月至2020年12月共120期，把2011年1月至2019年12月共108期作为训练集；预测集为2020年1月至2020年12月共12期，预测时采用逐步预测法。

4.2 模型构建

本部分模型构建思想如图4-1所示。

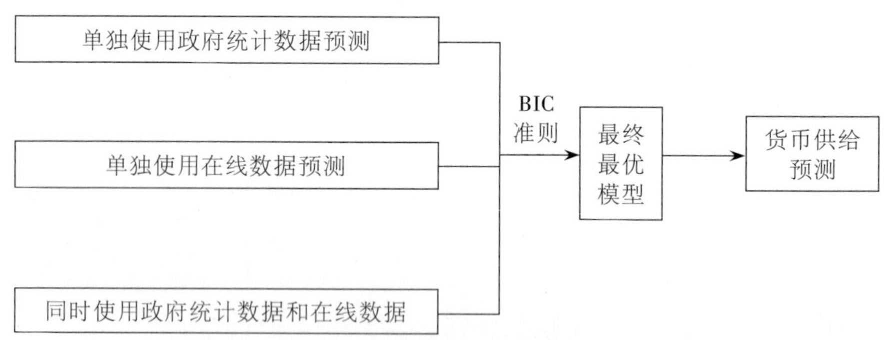

图4-1 模型构建思想

本部分研究使用6个结构化数据与28个非结构化信息，共34个自变量进行货币金融风险的评估和预测。基于各类预测模型，对比分析预测结果，确定最佳的构建宏观经济预测模型思路。这样做的主要目的是体现在充分利用结构化数据之后加入非结构化信息进行预测的方法的合理性，具体模型如下：

（1）模型1

$$\hat{y}^{1}_{T|T-1} = c + \beta_1 y_{T-1} + \cdots + \beta_i y_{T-i} + \alpha_1 X_{T-1} + \cdots + \alpha_p X_{T-p} + \varepsilon_T \tag{1}$$

模型1是将被解释变量自身信息和政府统计指标共同放入模型中，α_t是（1×m）的系数行向量（α_t的含义下同）。这里期望找到自变量的一个最佳子集，设其下标集合为$\{(j_1,t_1),(j_2,t_2),\cdots(j_r,t_r)\}\subseteq\{1,\cdots,m\}\times\{T-p,\cdots,T-1\}$；同时期望找到被解释变量y的最佳滞后项组合，使得$y_t$能够被自变量的最佳子集以及被解释变量最佳滞后项组合的多元线性模型拟合和预测。

（2）模型2

$$\hat{y}^{2}_{T|T} = c + \beta_1 y_{T-1} + \cdots + \beta_i y_{T-i} + \gamma_1 Z_T + \cdots + \gamma_q Z_{T-q+1} + \varepsilon_T \tag{2}$$

模型2是将被解释变量自身信息和互联网搜索行为共同放入模型中，期望找到自变量的一个最佳子集，设其下标集合为$\{(j_1,t_1),(j_2,t_2),\cdots,(j_r,t_r)\}\subseteq\{1,\cdots,n\}\times\{T-q+1,T-q,\cdots,T\}$；同时期望找到被解释变量y的最佳滞后项组合，使得$y_t$能够被自变量的最佳子集以及被解释变量最佳滞后项组合的多元线性模型拟合和预测。

（3）模型3

$$\hat{y}^{3}_{T|T} = c + \beta_1 y_{T-1} + \cdots + \beta_i y_{T-i} + \alpha_1 X_{T-1} + \cdots + \alpha_p X_{T-p} + \gamma_1 Z_T + \cdots + \gamma_q Z_{T-q+1} + \varepsilon_T \tag{3}$$

模型3是将解释变量的自身信息、政府统计指标和在线数据放在一起，在货币供给预测模型选择中对其进行同等对待。

由于样本数量有限，所选变量的数量不应过大，否则选择过多的变量可能导致训练集拟合良好，但在预测集中表现不佳。假设最好的预测模型是由滞后小于4期的变量产生的，即最长滞后期为4。由于政府统计数据的获取存在一定的时滞性，以政府统计指标的1～4年时滞作为解释变量。由于在线数据的实时性，取当期和滞后时间为1～3期的在线数据作为解释变量，统计变量筛选中采用贝叶斯信息准则（BIC），最后选择最优的预测模型。

4.3 实证结果

本节旨在探讨在线数据在货币供应量预测中的作用。首先，我们构建了计量模型只使用政府统计数据；其次，构建计量经济模型只使用在线数据；最后，我们把政府统计数据和在线数据纳入模型，以确定最终的优化模型来预测未来的货币供应量。在本节中，我们将使用相当流行的软件OxMetrics进行变量选择和模型决策。

4.3.1 模型1的预测结果

在这里，我们把M2变量的滞后1～4期和政府统计数据的滞后1～4期放到模型中，在OxMetrics的自动选择模型程序中进行变量筛选，结果列于表4-3。

表4-3 **模型1的实证分析结果**

变量	系数	标准差	T值	t-概率	Part.R^2
M2_1	0.821074	0.07685	10.7	0.0000	0.5703
M2_3	0.178301	0.07649	2.33	0.0221	0.0594
rpi_4	0.00234928	0.0006002	3.91	0.0002	0.1512
mpmi_1	−0.00482339	0.001686	−2.86	0.0053	0.0869
mpmi_2	0.00518394	0.001776	2.92	0.0045	0.0901
mpmi_4	−0.00463322	0.001299	−3.57	0.0006	0.1289
sigma	0.00893487		RSS	0.00686553686	

注：变量尾数1，2，…分别表示滞后1期，2期，…；变量尾数0表示预测当期。

从表4-3可以看出，在模型的回归和预测中，我们在模型中放入了28个变量，最后只剩下6个变量。M2自身滞后、RPI滞后、mpmi滞后可以预测货币供应量。RSS的值为0.0069，预测图如图4-2所示。从图4-2中可以看出，对于12期的预测集，预测结果较好。

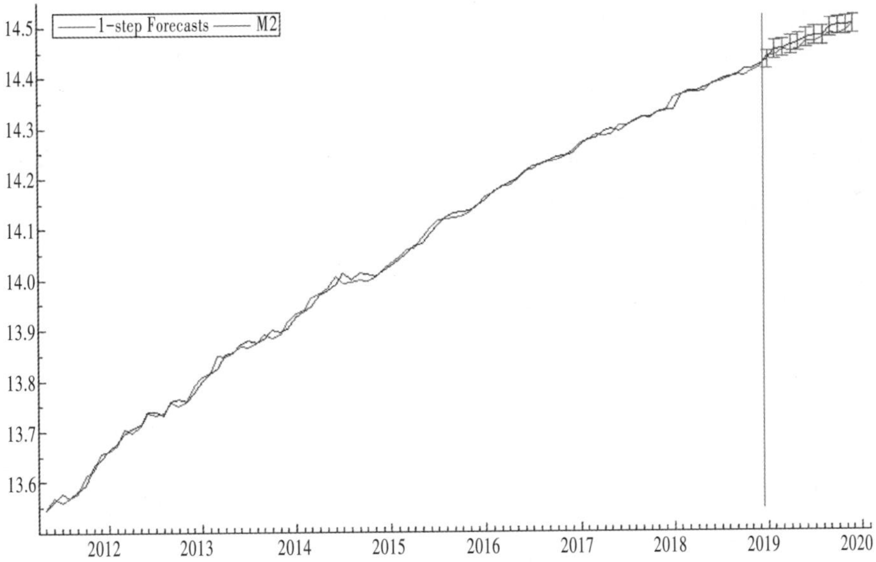

图4-2 模型1的预测结果

4.3.2 模型2的预测结果

在这里，我们把M2变量的滞后1~4期和在线数据的当期和滞后1~3期放到模型中，在OxMetrics的自动选择模型程序中进行变量筛选，结果列于表4-4。

表4-4 模型2的实证分析结果

变量	系数	标准差	T值	t-概率	Part.R^2
M2_1	0.998772	0.0007412	13.47	0.0000	1.0000
N_2	0.000200473	4.901e-005	4.09	0.0001	0.1598
N_2_2	-0.000229335	5.788e-005	-3.96	0.0002	0.1514
N_7_2	0.000183451	3.110e-005	5.90	0.0000	0.2833
sigma	0.00850434		RSS	0.00636449438	

注：变量尾数1，2，…分别表示滞后1期，2期，…；变量尾数0表示预测当期。

从表4-4可以看出，基于模型2的回归和预测，我们在模型中加入了116个变量，最后剩下了4个变量。M2的自身滞后与N_2的自身滞后、N_7的滞后可以作为预测货币供应量的代表。RSS的值为0.0064，略低于模型1，也就是说，模型2是一个比模型1较好的模型，在线数据预测能力略强于政府统计数据，预测图如图4-3所示。从图4-3中可以看出，对于12期的预测集，预测效果也较好。

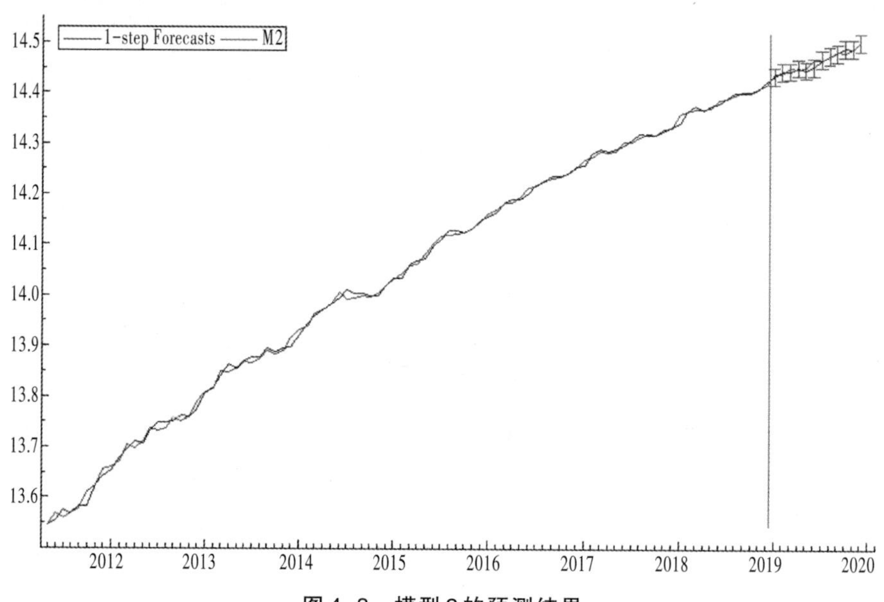

图4-3 模型2的预测结果

4.3.3 模型3的预测结果

在这里，我们把M2变量的滞后1~4期、政府统计数据滞后1~4期和在线数据的当期和滞后1~3期放到模型中，在OxMetrics的自动选择模型程序中进行变量筛选，结果列于表4-5。

从表4-5可以看出，基于模型3的回归和预测，我们在模型中加入了140个变量，最后剩下了7个变量。M2的自身滞后和ppi滞后、mpmi、N_2、N_7的滞后和N_7自身可以作为预测货币供应量的代表。RSS的值为0.0046，低于模型1和模型2，也就是说，模型3是一个比模型1和模型2更好的模型，在线数据与政府统计数据的结合使用可以最好地预测货币供应量，预测图如图4-4所示。从图4-4中可以看出，对于12期的预测集，预测结果是最好的。

表4-5 模型3的实证分析结果

变量	系数	标准差	T值	t-概率	Part.R^2
M2_1	0.767529	0.07871	9.75	0.0000	0.5280
M2_2	0.239333	0.07863	3.04	0.0031	0.0983
ppi_3	0.000764879	0.0001957	3.91	0.0002	0.1523
mpmi_4	-0.00355279	0.0008872	-4.00	0.0001	0.1587
N_2_2	-0.000272474	5.305e-005	-5.14	0.0000	0.2368
N_7	0.000128285	2.201e-005	5.83	0.0000	0.2856
N_7_2	0.000223794	2.894e-005	7.73	0.0000	0.4129
sigma	0.00738503		RSS	0.00463578588	

注：变量尾数1，2，…分别表示滞后1期，2期，…；变量尾数0表示预测当期。

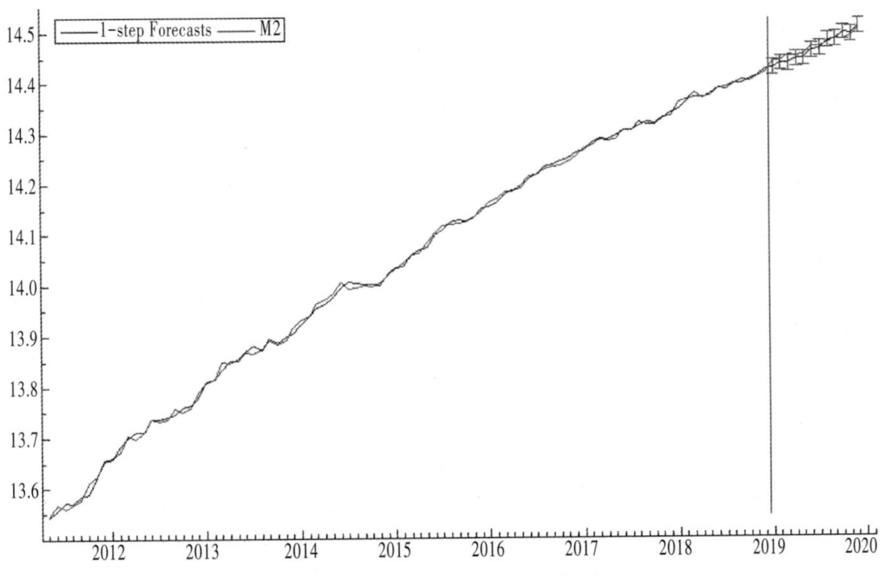

图4-4 模型3的预测结果

在大数据时代，传统的政府统计数据与在线数据并存，为研究提供了丰富的信息。与此同时，这些数据对现代的经济学研究构成了挑战。传统的政府统计数据和在线数据，前者具有最小的“噪声”和数据的标准化，但往往有一定的滞后性。后者更新迅速，实时可得，但是，信息包括相当大的“噪声”，并且信息源和形式是多样的。许多研究涉及这两类信息的应用，因此研究这两类信息是非常有意义的。我们应该考虑这两种信息的本质，充分发掘这两种信息的优势，提高研究的准确性。

研究表明，在线数据预测能力强于传统政府统计数据。然而，传统的政府统计数据和在线数据的结合使用可以最好地预测货币供应量。我们不仅可以使用一种类型的数据来预测经济变量，混合使用两种不同类型的数据是一种更好的方式，“两步法”依然是一种有效的宏观经济预测方法。

第5章　大数据与投资金融风险的评估与预测

5.1　数据描述

本部分的投资金融风险变量是FDI值的月度数据（即FDI），可从国家统计局网站获取2011年1月到2020年12月的预测变量的月度数据。研究的解释变量分为两类。一类是政府统计指标，这些数据是从商务部网站获取的2011年1月到2020年12月的月度数据。选择与宏观经济密切相关的8个指标，包括生产者价格指数、制造业采购经理人指数等（见表5-1）。为了消除异方差的影响，对FDI、出口总值、进口总值、广义货币变量取自然对数。统计特性见表5-1。

研究引入了另一类解释变量，即百度搜索指数提供的在线数据。百度搜索指数科学地分析和计算百度网页搜索中每个关键词的频率加权和。本部分选取的在线数据变量分为四大类，分别是消费、投资、净出口和政府采购。根据数据和宏观经济的关联，选择有代表性的搜索词，

表 5-1 政府统计数据的样本统计特征

变量	含义	均值	标准差	最大值	最小值
FDI	外商直接投资	4.6350	0.2239	5.2359	4.1728
rpi	商品零售价格指数	101.6592	1.4565	106.1000	98.9000
ppi	生产价格指数	100.4317	5.0311	111.0000	93.1000
mpmi	制造业采购经理指数	50.5983	1.6440	53.4000	35.7000
nmpmi	非制造业采购经理指数	54.5317	2.6152	59.2000	29.6000
ex	出口总值	19.0554	0.1650	19.4572	18.3875
im	进口总值	18.8660	0.1374	19.1324	18.3540
m2	货币供给量	14.1166	0.3139	14.5979	13.5061

确定每个类型信息的检索词的个数。所选搜索词的总数为28个，检索词概况如表5-2所示。

表 5-2 百度搜索指数概况

变量	含义	变量
C	消费	$C_1 \sim C_7$（书、酒店等）
I	投资	$I_1 \sim I_7$（股票、国债等）
N	净出口	$N_1 \sim N_7$（出口许可证、进口配额等）
G	政府购买	$G_1 \sim G_7$（政府采购、工程项目招标等）

本部分全部数据为2011年1月至2020年12月共120期，把2011年1月至2019年12月共108期作为训练集；预测集为2020年1月至2020年12月共12期，预测时采用逐步预测法。

5.2 模型构建

本部分研究使用7个结构化数据与28个非结构化信息，共35个自变量进行投资金融风险的评估与预测。基于各类预测模型，对比分析预测结果，确定最佳的构建宏观经济预测模型思路。这样做的主要目的是体现在充分利用结构化数据之后加入非结构化信息进行预测的方法的合理性，具体模型如下：

（1）模型1

$$\hat{y}^1_{T|T-1} = c + \beta_1 y_{T-1} + \cdots + \beta_i y_{T-i} + \alpha_1 X_{T-1} + \cdots + \alpha_p X_{T-p} + \varepsilon_T \quad (1)$$

模型1是将被解释变量自身信息和政府统计指标共同放入模型中，α_t是（1×m）的系数行向量（α_t的含义下同）。这里期望找到自变量的一个最佳子集，设其下标集合为$\{(j_1,t_1),(j_2,t_2),\cdots(j_r,t_r)\}\subseteq\{1,\cdots,m\}\times\{T-p,\cdots,T-1\}$；同时期望找到被解释变量y的最佳滞后项组合，使得$y_t$能够被自变量的最佳子集以及被解释变量最佳滞后项组合的多元线性模型拟合和预测。

（2）模型2

$$\hat{y}^2_{T|T} = c + \beta^* y^* + \alpha^* X^* + \gamma_1 Z_T + \cdots + \gamma_q Z_{T-q+1} + \varepsilon_T \quad (2)$$

模型2的思路是假设通过模型的挑选产生了具有预测能力的变量组合，此处基于模型1的挑选，在被解释变量自身信息和政府统计指标基础上，加入互联网搜索行为构建模型。y^*是模型挑选出的被解释变量最佳滞后项组合；X^*是模型挑选出的政府统计指标变量组合，β^*和α^*是相应维数的系数向量。

（3）模型3

$$\hat{y}^2_{T|T} = c + \beta^* y^* + \gamma^* Z^* + \alpha_1 X_{T-1} + \cdots + \alpha_p X_{T-p} + \varepsilon_T \quad (3)$$

模型3的思路是假设通过模型的挑选产生了具有预测能力的变量组合，此处基于模型的挑选，在被解释变量自身信息和互联网搜索行为数据基础上，加入政府统计指标构建模型。y^*是模型挑选出的被解释变量最佳滞后项组合；Z^*是模型挑选出的互联网搜索行为数据变量组合，β^*和α是相应维数的系数向量。

由于样本数量有限，所选变量的数量不应过大，否则选择过多的变量可能导致训练集拟合良好，但在预测集中表现不佳。假设最好的预测模型是由滞后小于4期的变量产生的，即最长滞后期为4。由于政府统计数据的获取存在一定的时滞性，以政府统计指标的1～4年时滞作为解释变量。由于在线数据的实时性，取当期和滞后时间为1～3期的在线数据作为解释变量，统计变量筛选中采用贝叶斯信息准则（BIC），最后选择最优的预测模型。

5.3 实证结果

本节旨在探讨在线数据在FDI值预测中的作用。首先，我们构建了计量模型只使用政府统计数据；其次，构建计量经济模型只使用在线数据；最后，我们把政府统计和在线数据纳入模型，以确定最终的优化模型来预测未来的FDI值。在本节中，我们将使用相当流行的软件OxMetrics进行变量选择和模型决策。

5.3.1 模型1的预测结果

在这里，我们把FDI变量的滞后1~4期和政府统计数据的滞后1~4期放到模型中，在OxMetrics的自动选择模型程序中进行变量筛选，结果列于表5-3。

表5-3 模型1的实证分析结果

变量	系数	标准差	T值	t-概率	Part.R^2
FDI_4	-0.387571	0.09040	-4.29	0.0000	0.1761
M2_4	0.284104	0.08068	3.52	0.0007	0.1260
mpmi_3	0.0771304	0.03288	2.35	0.0213	0.0601
mpmi_4	-0.0746400	0.03152	-2.37	0.0201	0.0612
ex_1	-0.205321	0.1184	-1.73	0.0866	0.0338
im_3	0.328899	0.1128	2.91	0.0045	0.0899

注：变量尾数1，2，…分别表示滞后1期，2期，…；变量尾数0表示预测当期。

从表5-3可以看出，基于模型1的回归和预测，我们在模型中加入了32个变量，最后剩下了6个变量。FDI的滞后、M2的滞后、mpmi的滞后、ex和im的滞后可以作为预测外商直接投资的代表。从图5-1中可以看出，对于12期的预测集，预测效果并不理想。

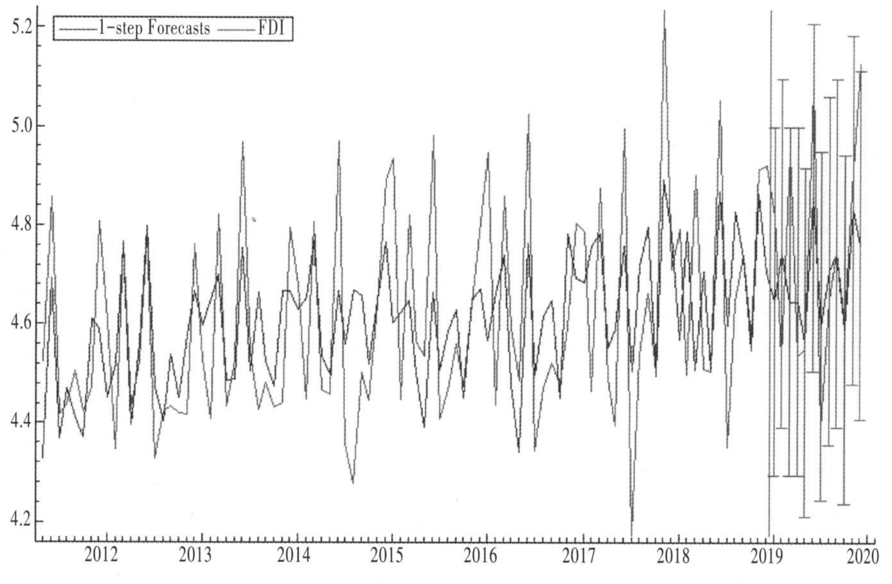

图 5-1　模型 1 的预测结果

5.3.2　模型 2 的预测结果

在这里，我们把FDI变量的滞后1～4期和政府统计数据滞后1～4期放入自动模型筛选中进行变量筛选，然后保留筛选出的变量，并在保留变量基础上将在线数据的当期和滞后1～3期放到模型中，在OxMetrics的自动选择模型程序中进行变量筛选，结果列于表5-4。

表5-4　**模型 2 的实证分析结果**

变量	系数	标准差	T值	t-概率	Part.R^2
FDI_4（U）	−0.376204	0.06994	−5.38	0.0000	0.2608
M2_4（U）	0.488828	0.06747	7.24	0.0000	0.3903
mpmi_3（U）	0.0118192	0.02647	0.446	0.6564	0.0024
mpmi_4（U）	0.0139046	0.02619	0.531	0.5969	0.0034
ex_1（U）	−0.336891	0.09771	−3.45	0.0009	0.1266
im_3（U）	0.201412	0.1040	1.94	0.0563	0.0437
N_7	0.00324409	0.0004541	7.14	0.0000	0.3836
N_7_3	0.00191518	0.0005919	3.24	0.0018	0.1132
G_3_2	0.000419296	0.0001174	3.57	0.0006	0.1346
G_3_3	−0.000510974	0.0001254	−4.07	0.0001	0.1684

注：变量尾数1，2，…分别表示滞后1期，2期，…；变量尾数0表示预测当期。“U”代表第一次模型筛选时保留的变量。

从表5-4可以看出，基于模型2的回归和预测中，我们首先在模型中放入了32个变量，然后除了保留变量后又在模型中放入112个变量对变量进行筛选，最后剩下了10个变量。其中6个为保留在模型中的政府统计数据，4个为在线信息数据。从图5-2中可以看出，对于12期的预测集，预测结果有所改善。

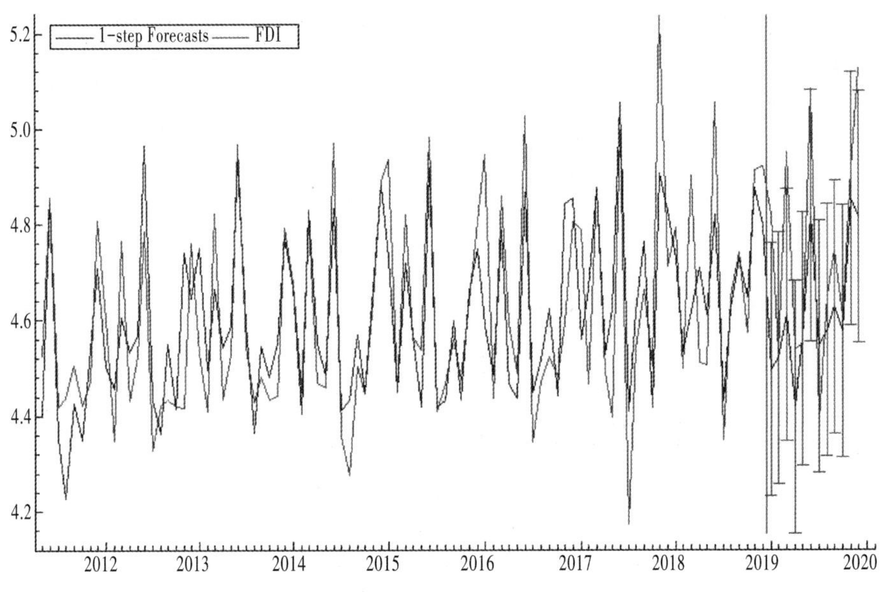

图5-2　模型2的预测结果

5.3.3　模型3的预测结果

在这里，我们把FDI变量的滞后1~4期以及在线数据的当期和滞后1~3期放入自动模型筛选中进行变量筛选，然后保留筛选出的变量，并在保留变量基础上将政府统计数据滞后1~4期放到模型中，在OxMetrics的自动选择模型程序中进行变量筛选，结果列于表5-5。

从表5-5可以看出，基于模型3的回归和预测中，我们首先在模型中放入了116个变量，然后除了保留变量后又在模型中放入28个变量对变量进行筛选，最后剩下了18个变量。从图5-3中可以看出，对于12期的预测集，预测结果是最好的。

在此部分，研究对利用大数据对宏观经济分析尝试了新的技术和方法。本部分的研究表明，传统的政府统计数据和在线数据可对FDI进行

表5-5 **模型3的实证分析结果**

变量	系数	标准差	T值	t-概率	Part.R^2
M2_2	1.89218	1.336	1.42	0.1607	0.0264
M2_4	-2.18872	1.307	-1.67	0.0982	0.0365
rpi_2	-0.0579762	0.01799	-3.22	0.0019	0.1230
ppi_1	0.0182807	0.005213	3.51	0.0008	0.1425
ex_3	0.188891	0.1141	1.66	0.1019	0.0357
im_1	0.259794	0.1203	2.16	0.0340	0.0593
fdi_2（U）	0.302339	0.09031	3.35	0.0013	0.1315
fdi_3（U）	0.469718	0.07547	6.22	0.0000	0.3436
C_1（U）	-0.000112216	4.457e-005	-2.52	0.0140	0.0789
C_2_1（U）	0.000323445	9.213e-005	3.51	0.0008	0.1428
C_3_2（U）	-3.96239e-005	1.656e-005	-2.39	0.0193	0.0718
C_6（U）	-0.000250904	7.442e-005	-3.37	0.0012	0.1332
C_6_2（U）	0.000142191	7.804e-005	1.82	0.0725	0.0429
N_6（U）	0.000235103	5.542e-005	4.24	0.0001	0.1956
N_6_2（U）	-0.000181870	5.499e-005	-3.31	0.0015	0.1288
N_7（U）	0.00330694	0.0004487	7.37	0.0000	0.4233
G_5_1（U）	-0.00112214	0.0002108	-5.32	0.0000	0.2768
G_5_3（U）	0.000912146	0.0001953	4.67	0.0000	0.2277

注：变量尾数1，2，…分别表示滞后1期，2期，…；变量尾数0表示预测当期。“U”代表第一次模型筛选时保留的变量。

预测，但正确的变量放入秩序是非常重要的，如果我们先把在线数据放入方程的变量选择，然后保留选择的变量，再把政府统计数据放入方程进行第二次的变量筛选，预测结果是最好的。本部分的研究结论依然证明了“两步法”的有效性，但是对于“两步法”中放入变量的次序进行了新的尝试。此部分研究证明先放入在线数据，然后再加入政府统计数据的预测结果是最好的。这说明，“两步法”的预测方法依然有效，但是

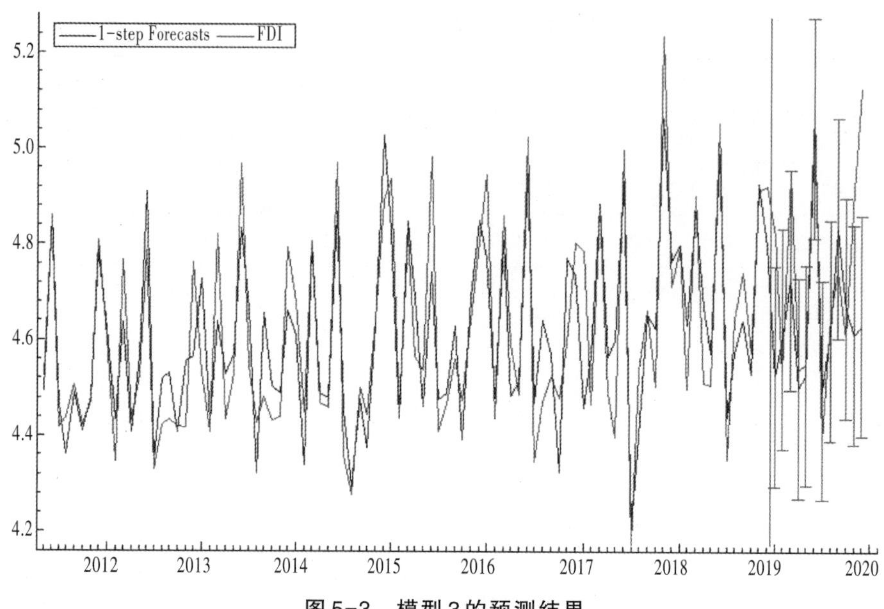

图 5-3 模型 3 的预测结果

我们需要针对不同的预测变量调整放入变量的次序，这样才能真正发挥大数据预测的真实能力。

第6章　大数据与国际收支风险的评估与预测

6.1　模型选择

在经济分析中，可以应用两种不同种类的信息，即结构化数据与非结构化信息。结构化数据的优点是“噪声”小、数据规范，但是缺点是数据会有一定时间的滞后；非结构化信息的优点是信息更新快、数据实时可得，但是缺点是信息“噪声”大、数据来源和形式多样化。本部分将使用政府统计数据与互联网搜索行为两类信息作为解释变量，前者为结构化数据，而后者则属于非结构化信息。

为了突出研究重点——对两类数据的区分，本章仅基于最简单的单方程线性方法预测经济，模型构建思路如图6-1所示。

按照图6-1的模型构建思路，将其表示为公式，具体如下：设y为被解释变量，令$Y_t^T=\left\{y_\tau\right\}_{\tau=t}^{T}$是被解释变量的时间序列，t（t=1，2，…，T）

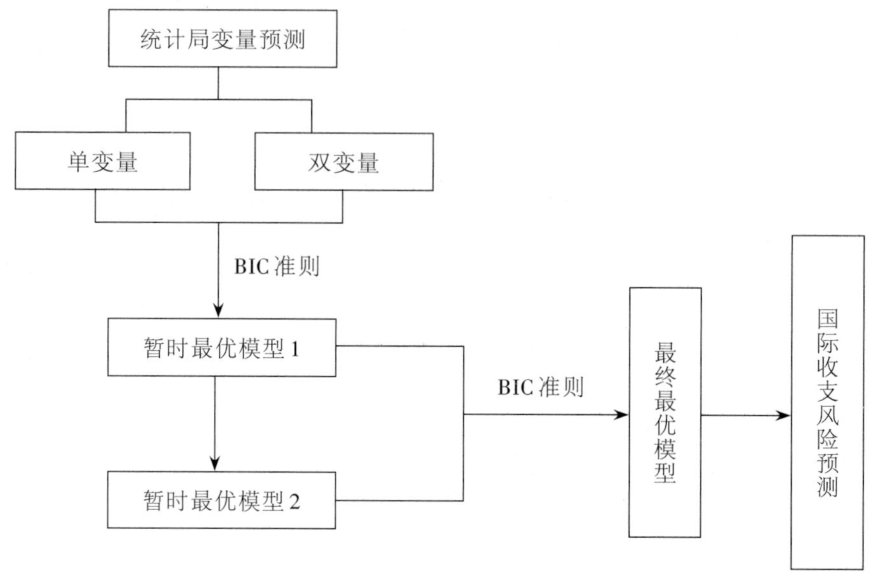

图6-1 模型构建思路

代表时期，本研究在取值上采用季度时间序列。一般情况下，$\{y_t\}_{t=1}^{T-1}$的信息是可以获得的，T代表我们希望预测的时期，也就是我们需要基于已有信息预测y_T。y_{T-i}表示滞后i期的被解释变量，ε_T为残差。$y_{T|T-1}$表示将基于（T-1）期的信息预测T期的y值。

解释变量分为两类，即政府统计指标与互联网搜索行为。令X代表政府统计指标（不包含y）。$X_t=(x_{1t},x_{2t},\cdots,x_{mt})'$是（m×1）的向量，每个分量代表时间t时的某个政府统计指标，共有m个政府统计指标。设$X^T=\{X_\tau\}_{\tau=1}^{T}$是政府统计指标的时间序列，一般情况下，在时期T，$\{X_t\}_{t=1}^{T-1}$的信息是可以获得的。同理令Z表示测量互联网搜索行为的指标，$Z_t=(z_{1t},z_{2t},\cdots,z_{nt})'$是（n×1）的向量，每个分量代表时间t时的对互联网搜索行为信息测量的某个指标，共有n个指标。$Z^T=\{Z_\tau\}_{\tau=1}^{T}$是互联网搜索行为的时间序列，由于互联网搜索行为实时可得，所以在时期T，$\{Z_t\}_{t=1}^{T}$的信息是可以获得的。在实际操作中，我们只能使用有限期的信息作预测，如对政府统计指标可利用（T-p）~（T-1）期信息，对互联网搜索行为可利用（T-q）~T期信息作预测，其中p和q需要通过模型挑选来确定。

（1）模型1

$$\hat{y}_{T|T-1} = f\left(\left\{y_{t-\tau}, X_{t-\tau}\right\}_{\tau=1}^{p}\right) = c + \beta_1 y_{T-1} + \cdots + \beta_i y_{T-i} + \alpha_1 X_{T-1} + \cdots + \alpha_p X_{T-p} + \varepsilon_T \tag{1}$$

模型1是将被解释变量自身信息和政府统计指标共同放入模型中，α_t是（1×m）的系数行向量（α_t的含义下同）。这里期望找到自变量的一个最佳子集，设其下标集合为$\left\{(j_1,t_1),(j_2,t_2),\cdots,(j_r,t_r)\right\} \subseteq \{1,\cdots,m\} \times \{T-p,\cdots,T-1\}$；同时期望找到被解释变量y的最佳滞后项组合，使得$y_t$能够被自变量的最佳子集以及被解释变量最佳滞后项组合的多元线性模型拟合和预测。

（2）模型2

$$\hat{y}_{T|T-1} = c + \beta^* y^* + \alpha^* X^* + \gamma_1 Z_T + \cdots + \gamma_q Z_{T-q+1} + \varepsilon_T \tag{2}$$

本模型的思路是假设通过模型1的挑选产生了具有预测能力的变量组合，此处基于模型1的挑选，在被解释变量自身信息和政府统计指标基础上，加入互联网搜索行为构建模型。y^*是模型1挑选出的被解释变量最佳滞后项组合；X^*是模型1挑选的政府统计指标变量组合，β^*,α^*是相应维数的系数向量。在此期望找到自变量的一个最佳子集，设其下标集合为$\left\{(j_1,t_1),(j_2,t_2),\cdots,(j_r,t_r)\right\} \subseteq \{1,\cdots,n\} \times \{T-q+1, T-q,\cdots,T\}$，使得$y_t$能够被解释变量为$y^*$、$X^*$和（$z_{j_1t_1}, z_{j_2t_2},\cdots,z_{j_rt_r}$）的多元线性模型拟合和预测。

由于本研究的样本数量有限，所以挑选的变量不宜过多，因为如果挑选变量太多就会产生训练集拟合效果好，而预测效果并不理想的现象。这里假设最好的预测模型在滞后不超过4期中产生，即限定滞后期最多为4期，政府统计指标限制解释变量为单变量和双变量两种。在对统计变量进行筛选时，解释变量总数限制为不超过5个；在筛选后的最优变量组合基础上增加搜索行为变量时，限定只新增加1个搜索行为变量，滞后不超过3期[①]。在此限定增加的搜索行为变量为1个是可以理解的，因为本研究关注的是在结构化数据基础上，增加非结构化信息能否

① “滞后不超过3期”的含义是，包含百度指数当期外，其滞后期数最多为3期，则百度指数共有4期数据。

帮助预测。如果增加1个非结构化信息就能帮助预测，那么增加更多的非结构化信息则会对预测更有帮助。对统计变量进行筛选时，使用贝叶斯（BIC）信息准则对变量组合进行排序，选出较低BIC的变量组合，最终根据训练集BIC值挑选最优预测模型。

6.2 数据说明

本研究的国际收支风险变量设为两个分量，分别为出口分量（数据上以“出口总额”计量）和进口分量（数据上以“进口总额”计量）。数据来源于国家统计局网站，可获取2011年1月到2020年12月的预测变量的月度数据。为消除异方差的影响，数据取自然对数。

本研究的解释变量分为两类。一类是政府统计指标，这些数据是从国家统计局网站获取的2011年1月到2020年12月的月度数据。选择与宏观经济密切相关的8个指标，包括生产者价格指数、制造业采购经理人指数等。为消除异方差的影响，对FDI、广义货币变量取自然对数。统计特性如表6-1所示。

表6-1 政府统计指标的样本统计特征

变量	含义	均值	标准差	最大值	最大值
ex	出口总值	19.0554	0.1650	19.4572	18.3875
im	进口总值	18.8660	0.1374	19.1324	18.3540
FDI	外商直接投资	4.6350	0.2239	5.2359	4.1728
rpi	商品零售价格指数	101.6592	1.4565	106.1000	98.9000
ppi	生产价格指数	100.4317	5.0311	111.0000	93.1000
mpmi	制造业采购经理人指数	50.5983	1.6440	53.4000	35.7000
nmpmi	非制造业采购经理人指数	54.5317	2.6152	59.2000	29.6000
m2	货币供给量	14.1166	0.3139	14.5979	13.5061

另一类解释变量来源于互联网搜索行为，即百度搜索指数提供的在线数据。百度搜索指数科学地分析和计算百度网页搜索中每个关键词的

频率加权和。本部分选取的在线数据变量分为四大类，分别是消费、投资、净出口和政府采购。根据数据和宏观经济的关联，选择有代表性的搜索词，确定每个类型信息的检索词的个数。所选搜索词的总数为28个，检索词概况如表6-2所示。

表6-2　　**百度搜索指数概况**

变量	含义	变量
C	消费	$C_1 \sim C_7$（书、酒店等）
I	投资	$I_1 \sim I_7$（股票、国债等）
N	净出口	$N_1 \sim N_7$（出口许可证、进口配额等）
G	政府购买	$G_1 \sim G_7$（政府采购、工程项目招标等）

本部分全部数据为2011年1月至2020年12月共120期，把2011年1月至2019年12月共108期作为训练集；预测集为2020年1月至2020年12月共12期，预测时采用逐步预测法。

6.3　实证结果

本部分依然沿用“两步法”思想，即在充分利用结构化数据的基础上加入非结构化信息再进行预测。也就是先利用国际收支风险变量的滞后信息和其他统计指标挑选出一个最优模型，然后增加互联网搜索行为，进一步筛选模型。这样做的一个基本思想是先充分挖掘结构化数据中所包含的有用信息，在此基础上把互联网搜索行为作为一个补充增加进来。我们这里的具体做法是在第一步挑选中仅利用统计变量；在第二步挑选中，固定第一步选出的统计变量，在此基础上增加百度指数。在本部分将利用“两步法”的思想验证互联网搜索行为信息的作用。

为了验证互联网搜索行为对国际收支风险预测是有帮助的，根据建模思路，构建分析框架。首先，同时利用国际收支风险变量信息和政府统计指标信息挑选暂时最优预测模型。其次，在暂时最优预测模型的基础上增加互联网搜索行为信息，由此检验增加互联网搜索行为后是否对国际收支风险预测结果有所改善。计量模型中固定地使用国际收支风险变量的滞后4期作为解释变量；由于政府统计指标在获取时存在一定时滞，在此取政府统计指标X的滞后1～4期作为解释变量；由于百度指数的实时可得性，在此取百度指数Z的当期与滞后1～3期作为解释变量。在对模型进行筛选时，按照BIC值从小到大的顺序进行排序，由于篇幅所限，模型计量结果在表中只列出排序的前三位。回归和预测效果体现在表的最后两列，即训练集均方差（Mean Squared Error，MSE）值与预测集MSE值。

6.3.1 出口分量预测的计量

表6-3的第一列为预测时使用的回归变量。根据本部分构建的模型1，先使用ex滞后4期和政府统计指标进行预测，选取BIC值最小的前三位作为暂时最优模型，按照BIC值从小到大的顺序，分别记为暂时最优模型1、暂时最优模型2和暂时最优模型3。按照模型2的构建思路，在模型1的基础上增加百度指数进行回归，是为了检验在政府统计变量基础上增加百度指数能否改善预测效果。最优模型1.1~最优模型1.3是对暂时最优模型1的改进，是在暂时最优模型1的基础上对应的增加百度指数后得到的回归结果。选取BIC值最小的前三位作为最优模型，按照BIC值从小到大的顺序，分别记为最优模型1.1、最优模型1.2和最优模型1.3。同理，最优模型2.1~最优模型2.3是对暂时最优模型2的改进，最优模型3.1~最优模型3.3是对暂时最优模型3的改进。按照上述思路分别进行回归与预测，得到的计量结果见表6-3。

从表6-3可知，基于模型1的回归和预测结果，按照BIC准则进行挑选，排名前三位的解释变量分别为：mpmi1、mpmi2、ppi3、rpi1；mpmi1、mpmi2、ppi2、rpi2；mpmi1、mpmi2、rpi1。在模型1的基础上增加百度指数后，BIC值均有所降低，根据预测集的MSE值可得，最优模型1.1~最优模型1.3的预测效果较暂时最优模型1改善23%；最优模型2.1~最优模型2.3的预测效果较暂时最优模型2改善21%；最优模型3.1~最优模型3.3的预测效果较暂时最优模型3改善-22%。这说明在政府统计变量基础上增加百度指数，可以增强预测效果，非结构化信息是结构化数据的良好补充。

表6-3　出口分量的模型计量结果

回归变量	模型	模型变量	BIC值	训练集MSE	预测集MSE
ex4+政府统计指标	暂时最优模型1	mpmi1、mpmi2、ppi3、rpi1	-128	0.00022	0.00177
	暂时最优模型2	mpmi1、mpmi2、ppi2、rpi2	-126	0.00023	0.00176
	暂时最优模型3	mpmi1、mpmi2、rpi1	-126	0.00022	0.00181
暂时最优模型1+百度指数	最优模型1.1	mpmi1、mpmi2、ppi3、rpi1、$N_2$2、$N_4$1	-148	0.00007	0.00138
	最优模型1.2	mpmi1、mpmi2、ppi3、rpi1、$N_2$2	-148	0.00007	0.00137
	最优模型1.3	mpmi1、mpmi2、ppi3、rpi1、$N_2$2、$N_4$3	-147	0.00007	0.00134
暂时最优模型2+百度指数	最优模型2.1	mpmi1、mpmi2、ppi2、rpi2、$N_2$2、$N_4$2	-147	0.00007	0.00139
	最优模型2.2	mpmi1、mpmi2、ppi2、rpi2、$N_2$1	-149	0.00008	0.00139
	最优模型2.3	mpmi1、mpmi2、ppi2、rpi2、$N_3$2	-145	0.00007	0.00137
暂时最优模型3+百度指数	最优模型3.1	mpmi1、mpmi2、rpi1、$I_2$1	-135	0.00014	0.00241
	最优模型3.2	mpmi1、mpmi2、rpi1、$I_2$1、$G_1$3	-131	0.00017	0.00175
	最优模型3.3	mpmi1、mpmi2、rpi1、$I_4$2	-130	0.00011	0.00241

注：变量尾数1，2，…分别表示滞后1期，2期，…；变量尾数0表示预测当期。

6.3.2　进口分量预测的计量

表6-4的第一列为预测时使用的回归变量。根据本部分构建的模型1，先使用im滞后4期和政府统计指标进行预测，选取BIC值最小的前三位作为暂时最优模型，按照BIC值从小到大的顺序，分别记为暂时最优模型1、暂时最优模型2和暂时最优模型3。按照模型2的构建思路，在模型1的基础上增加百度指数进行回归，是为了检验在政府统计变量基础上增加百度指数能否改善预测效果。最优模型1.1~最优模型1.3是对暂时最优模型1的改进，是在暂时最优模型1的基础上对应的增加百度指数后得到的回归结果。选取BIC值最小的前三位作为最优模型，按照BIC值从小到大的顺序，分别记为最优模型1.1、最优模型1.2和最优模型1.3。同理，最优模型2.1~最优模型2.3是对暂时最优模型2的改

进，最优模型3.1~最优模型3.3是对暂时最优模型3的改进。按照上述思路分别进行回归与预测，得到的计量结果见表6-4。

表6-4 **进口分量的模型计量结果**

回归变量	模型	模型变量	BIC值	训练集MSE	预测集MSE
im4+政府统计指标	暂时最优模型1	mpmi2、ppi2、rpi1、rpi2	-123	0.00033	0.01301
	暂时最优模型2	mpmi1、ppi3、rpi1、rpi2	-121	0.00032	0.01403
	暂时最优模型3	mpmi1、ppi3、rpi1	-120	0.00032	0.01538
暂时最优模型1+百度指数	最优模型1.1	mpmi2、ppi2、rpi1、rpi2、$C_3$3	-136	0.00018	0.01447
	最优模型1.2	mpmi2、ppi2、rpi1、rpi2、$C_2$1、$I_2$1	-135	0.00019	0.00811
	最优模型1.3	mpmi2、ppi2、rpi1、rpi2、$C_3$1	-134	0.00017	0.01273
暂时最优模型2+百度指数	最优模型2.1	mpmi1、ppi3、rpi1、rpi2、$C_2$1、$I_5$2	-133	0.00018	0.01483
	最优模型2.2	mpmi1、ppi3、rpi1、rpi2、$I_2$1	-132	0.00019	0.00829
	最优模型2.3	mpmi1、ppi3、rpi1、rpi2、$C_4$2、$I_3$3	-131	0.00019	0.01033
暂时最优模型3+百度指数	最优模型3.1	mpmi1、ppi3、rpi1、$C_2$1、$I_3$2	-144	0.00008	0.01087
	最优模型3.2	mpmi1、ppi3、rpi1、$G_2$3、$I_2$1	-134	0.00018	0.01201
	最优模型3.3	mpmi1、ppi3、rpi1、$N_2$1	-134	0.00018	0.01719

注：变量尾数1，2，…分别表示滞后1期，2期，…；变量尾数0表示预测当期。

从表6-4可知，基于模型1的回归和预测结果，按照BIC准则进行挑选，排名前三位的解释变量分别为：mpmi2、ppi2、rpi1、rpi2；mpmi1、ppi3、rpi1、rpi2；mpmi1、ppi3、rpi1。在模型1的基础上增加百度指数后，BIC值均有所降低，根据预测集的MSE值可得，最优模型1.1~最优模型1.3的预测效果较暂时最优模型1改善10%；最优模型2.1~最优模型2.3的预测效果较暂时最优模型2改善21%；最优模型3.1~最优模型3.3的预测效果较暂时最优模型3改善13%。这说明在政府统计变量基础上增加百度指数，可以增强预测效果，非结构化信息是结构化数据的良好补充。

为了显示仅使用统计局信息与增加百度指数后的预测效果，需要对比分析增加百度指数前后的预测集均方差。依然延续上述思想，首先仅使用统计局信息，根据BIC值挑选暂时最优模型1~暂时最优模型3，其次在暂时最优模型的基础上增加百度指数，称为最优模型1~最优模型3。对比两类模型的预测集MSE，发现在绝大多数情况下，增加百度指数都会很好地改进预测效果（见表6-5），由此说明“两步法”是经济预测的好方法。

表6-5　**增加百度指数较仅使用统计局信息预测集MSE的改进（%）**

变量	ex	im
最优模型1	23	10
最优模型2	21	21
最优模型3	-22	13

由此可见，大数据时代，传统的结构化数据与随时更新的非结构化信息并存，在为研究提供丰富信息的同时，也对我们提出了严峻的挑战。结构化数据与非结构化信息具有不同的特点，前者“噪声”小、数据规范，但是数据往往有一定的滞后；而后者更新快、数据实时可得，但是信息“噪声”大、数据来源和形式多样化。很多研究经常涉及这两类信息的应用，所以对两类信息的研究是十分有意义的。我们应该对两类不同信息取精华、弃糟粕，合理利用，充分发挥两类信息的不同优势，提高研究准确性。

第7章　大数据与财政风险的评估与预测

7.1　模型选择

本章继续沿用之前的方法，利用两种不同种类的信息，即结构化数据与非结构化信息进行财政风险的评估与预测。结构化数据的优点是“噪声”小、数据规范，但是缺点是数据会有一定时间的滞后；非结构化信息的优点是信息更新快、数据实时可得，但是缺点是信息“噪声”大、数据来源和形式多样化。本章使用政府统计数据与互联网搜索行为两类信息作为解释变量，前者为结构化数据，而后者则属于非结构化信息。

本章的模型构建思路与第6章相似。设y为被解释变量，令$Y_t^T=\{y_\tau\}_{\tau=t}^{T}$是被解释变量的时间序列，t（t=1，2，…，T）代表时期，本章在取值上采用季度时间序列。一般情况下，$\{y_t\}_{t=1}^{T-1}$的信息是可以获得的，T代表我们希望预测的时期，也就是我们需要基于已有信息预测y_T。y_{T-i}表示滞后i期的被解释变量，ε_T为残差。$y_{T|T-1}$表示基于（T−1）

期的信息预测T期的y值。

解释变量分为两类，即政府统计指标与互联网搜索行为。令X代表政府统计指标（不包含y）。$X_t=(x_{1t},x_{2t},\cdots,x_{mt})'$是（m×1）的向量，每个分量代表时间t时的某个政府统计指标，共有m个政府统计指标。设$X^T=\{X_\tau\}_{\tau=1}^{T}$是政府统计指标的时间序列，一般情况下，在时期T，$\{X_t\}_{t=1}^{T-1}$的信息是可以获得的。同理令Z表示测量互联网搜索行为的指标，$Z_t=(z_{1t},z_{2t},\cdots,z_{nt})'$是（n×1）的向量，每个分量代表时间$t$时的对互联网搜索行为信息测量的某个指标，共有n个指标。$Z^T=\{Z_\tau\}_{\tau=1}^{T}$是互联网搜索行为的时间序列，由于互联网搜索行为实时可得，所以在时期T，$\{Z_t\}_{t=1}^{T}$的信息是可以获得的。在实际操作中，我们只能使用有限期的信息作预测，如对政府统计指标可利用（T−p）~（T−1）期信息，对互联网搜索行为可利用（T−q）~T信息作预测，其中p和q需要通过模型挑选来确定。

（1）模型1

$$\hat{y}_{T|T-1}=f\left(\{y_{t-\tau},X_{t-\tau}\}_{\tau=1}^{p}\right)=c+\beta_1y_{T-1}+\cdots+\beta_iy_{T-i}+\alpha_1X_{T-1}+\cdots+\alpha_pX_{T-p}+\varepsilon_T \qquad (1)$$

模型1是将被解释变量自身信息和政府统计指标共同放入模型中，α_t是（1×m）的系数行向量（α_t的含义下同）。这里期望找到自变量的一个最佳子集，设其下标集合为$\{(j_1,t_1),(j_2,t_2),\cdots,(j_r,t_r)\}\subseteq\{1,\cdots,m\}\times\{T-p,\cdots,T-1\}$；同时期望找到被解释变量y的最佳滞后项组合，使得$y_t$能够被自变量的最佳子集以及被解释变量最佳滞后项组合的多元线性模型拟合和预测。

（2）模型2

$$\hat{y}_{T|T-1}=c+\beta^*y^*+\alpha^*X^*+\gamma_1Z_T+\cdots+\gamma_qZ_{T-q+1}+\varepsilon_T \qquad (2)$$

本模型的思路是假设通过模型1的挑选产生了具有预测能力的变量组合，此处基于模型1的挑选，在被解释变量自身信息和政府统计指标基础上，加入互联网搜索行为构建模型。y^*是模型1挑选出的被解释变量最佳滞后项组合；X^*是模型1挑选的政府统计指标变量组合，β^*,α^*是相应维数的系数向量。在此期望找到自变量的一个最佳子集，设其下标

集合为 $\{(j_1,t_1),(j_2,t_2),\cdots,(j_r,t_r)\}\subseteq\{1,\cdots,n\}\times\{T-q+1,T-q,\cdots,T\}$，使得 y_t 能够被解释变量为 y^*、X^* 和（$z_{j_1t_1},z_{j_2t_2},\cdots,z_{j_rt_r}$）的多元线性模型拟合和预测。

本章假设最好的预测模型在滞后不超过4期中产生，即限定滞后期最多为4期。在对统计变量进行筛选时，解释变量总数限制为不超过5个；在筛选后的最优变量组合基础上增加搜索行为变量时，限定只新增加1个搜索行为变量，滞后不超过3期[①]。在此限定增加的搜索行为变量为1个是可以理解的，因为本研究关注的是在结构化数据基础上，增加非结构化信息能否帮助预测。如果增加1个非结构化信息就能帮助预测，那么增加更多的非结构化信息则会对预测更有帮助。对统计变量进行筛选时，使用贝叶斯（BIC）信息准则对变量组合进行排序，选出较低BIC的变量组合，最终根据训练集BIC值挑选最优预测模型。

7.2 数据说明

本研究的财政风险变量为政府财政支出（数据上以“政府财政支出额”计量）。数据来源于国家统计局网站，可获取2011年1月到2020年12月的预测变量的月度数据。为消除异方差的影响，数据取自然对数。

解释变量分为两类。一类是政府统计指标，这些数据是从国家统计局网站获取的2011年1月到2020年12月的月度数据。选择与宏观经济密切相关的9个指标，包括生产者价格指数、制造业采购经理人指数等。为消除异方差的影响，对ex、im、FDI、广义货币变量取自然对数。统计特性如表7-1所示。

另一类解释变量来源于互联网搜索行为，即百度搜索指数提供的在线数据。百度搜索指数科学地分析和计算百度网页搜索中每个关键词的频率加权和。本部分选取的在线数据变量分为四大类，分别是消费、投资、净出口和政府采购。根据数据和宏观经济的关联，选择有代表性的

① “滞后不超过3期”的含义是，包含百度指数当期外，其滞后期数最多为3期，则百度指数共有4期数据。

表7-1　政府统计指标的样本统计特征

变量	含义	均值	标准差	最大值	最大值
se	政府财政支出额	9.5344	0.39454	10.5385	8.5644
ex	出口总值	19.0554	0.1650	19.4572	18.3875
im	进口总值	18.8660	0.1374	19.1324	18.3540
FDI	外商直接投资	4.6350	0.2239	5.2359	4.1728
rpi	商品零售价格指数	101.6592	1.4565	106.1000	98.9000
ppi	生产价格指数	100.4317	5.0311	111.0000	93.1000
mpmi	制造业采购经理人指数	50.5983	1.6440	53.4000	35.7000
nmpmi	非制造业采购经理人指数	54.5317	2.6152	59.2000	29.6000
m2	货币供给量	14.1166	0.3139	14.5979	13.5061

搜索词，确定每个类型信息的检索词的个数。所选搜索词的总数为28个，检索词概况如表7-2所示。

表7-2　百度搜索指数概况

变量	含义	变量
C	消费	$C_1 \sim C_7$（书、酒店等）
I	投资	$I_1 \sim I_7$（股票、国债等）
N	净出口	$N_1 \sim N_7$（出口许可证、进口配额等）
G	政府购买	$G_1 \sim G_7$（政府采购、工程项目招标等）

本部分全部数据为2011年1月至2020年12月共120期，把2011年1月至2019年12月共108期作为训练集；预测集为2020年1月至2020年12月共12期，预测时采用逐步预测法。

7.3 实证结果

本部分依然沿用“两步法”思想，即在充分利用结构化数据的基础上加入非结构化信息再进行预测。这样做的一个基本思想是先充分挖掘结构化数据中所包含的有用信息，在此基础上把互联网搜索行为作为一个补充增加进来。我们这里的具体做法是在第一步挑选中仅利用统计变量；在第二步挑选中，固定第一步选出的统计变量，在此基础上增加百度指数。在本部分将利用“两步法”的思想验证互联网搜索行为信息的作用。

为了验证互联网搜索行为对财政风险预测是有帮助的，根据建模思路，构建分析框架。首先同时利用se信息和政府统计指标信息挑选暂时最优预测模型。其次，在暂时最优预测模型的基础上增加互联网搜索行为信息，由此检验增加互联网搜索行为后是否对财政风险预测结果有所改善。在此限定计量模型中均使用se滞后4期（以se4表示，下同）作为解释变量；由于政府统计指标在获取时存在一定时滞，在此取政府统计指标X的滞后1～4期作为解释变量；由于百度指数的实时可得性，在此取百度指数Z的当期与滞后1～3期作为解释变量。在对模型进行筛选时，按照BIC值从小到大的顺序进行排序，由于篇幅所限，模型计量结果在表中只列出排序的前三位。回归和预测效果体现在表的最后两列，即训练集均方差（Mean Squared Error，MSE）值与预测集MSE值。

表7-3的第一列为预测时使用的回归变量。根据本部分构建的模型1，先使用se滞后4期和政府统计指标进行预测，选取BIC值最小的前三位作为暂时最优模型，按照BIC值从小到大的顺序，分别记为暂时最优模型1、暂时最优模型2和暂时最优模型3。按照模型2的构建思路，在模型1的基础上增加百度指数进行回归，是为了检验在政府统计变量基础上增加百度指数能否改善预测效果。最优模型1.1~最优模型1.3是对暂时最优模型1的改进，是在暂时最优模型1的基础上对应的增加百度指数后得到的回归结果。选取BIC值最小的前三位作为最优模型，按照BIC值从小到大的顺序，分别记为最优模型1.1、最优模型1.2和最优模型1.3。同理，最优模型2.1~最优模型2.3是对暂时最优模型2的改进，最优模型3.1~最优模型3.3是对暂时最优模型3的改进。按照上述思路分别进行回归与预测，得到的计量结果见表7-3。

表7-3 **政府财政支出的模型计量结果**

回归变量	模型	模型变量	BIC值	训练集MSE	预测集MSE
se4+政府统计指标	暂时最优模型1	se4、mpmi4、m22、m24	-55	0.003009	0.0113830
	暂时最优模型2	se4、mpmi4、m21、m24	-53	0.002814	0.00833482
	暂时最优模型3	se4、mpmi2、m22、m24	-53	0.002833	0.0133420
暂时最优模型1+百度指数	最优模型1.1	se4、mpmi4、m22、m24、$I_7 0$、$I_7 1$	-66	0.001507	0.004163
	最优模型1.2	se4、mpmi4、m22、m24、$I_7 0$、$I_7 2$	-63	0.001499	0.004159
	最优模型1.3	se4、mpmi4、m22、m24、$I_7 1$、$I_7 3$	-63	0.001504	0.0041828
暂时最优模型2+百度指数	最优模型2.1	se4、mpmi4、m21、m22、m24、$I_7 0$、$I_7 1$	-63	0.001499	0.0038894
	最优模型2.2	se4、mpmi4、m21、m22、m24、$I_7 0$、$I_7 1$、$I_7 3$	-60	0.001493	0.0038763
	最优模型2.3	se4、mpmi4、m21、m22、m24、$I_7 0$、$I_7 1$、$I_5 2$	-60	0.001494	0.003903
暂时最优模型3+百度指数	最优模型3.1	se4、mpmi2、mpmi4、m22、m24、$I_7 0$、$I_7 1$	-63	0.001505	0.0043393
	最优模型3.2	se4、mpmi2、mpmi4、m22、m24、$I_7 1$、$I_5 3$	-59	0.001499	0.0044849
	最优模型3.3	se4、mpmi2、mpmi4、m22、m24、$I_2 0$、$I_7 1$、$I_7 2$	-59	0.001499	0.0042218

注：变量尾数1，2，…分别表示滞后1期，2期，…；变量尾数0表示预测当期。

从表7-3可知，基于模型1的回归和预测结果，按照BIC准则进行挑选，排名前三位的解释变量分别为：se4、mpmi4、m22、m24；se4、mpmi4、m21、m24；se4、mpmi2、m22、m24。在模型1的基础上增加百度指数后，BIC值均有所降低，根据预测集的MSE值可得，最优模型1.1~最优模型1.3的预测效果较暂时最优模型1改善63%；最优模型2.1~最优模型2.3的预测效果较暂时最优模型2改善53%；最优模型3.1~最优模型3.3的预测效果较暂时最优模型3改善67%。这说明在政府统计变量基础上增加百度指数，可以增强预测效果，非结构化信息是结构化数据的良好补充。

为了显示仅使用统计局信息与增加百度指数后的预测效果，需要对比分析增加百度指数前后的预测集均方差。依然延续上述思想，首先仅使用统计局信息，根据BIC值挑选暂时最优模型1~暂时最优模型3，其次在暂时最优模型的基础上增加百度指数，称为最优模型1~最优模型3。对比两类模型的预测集MSE，发现在绝大多数情况下，增加百度指数都会很好地改进预测效果（见表7-4），由此说明“两步法”是经济预测的好方法。

表7-4 **增加百度指数较仅使用统计局信息预测集MSE的改进（%）**

变量	se
最优模型1	63
最优模型2	53
最优模型3	67

由上述的分析和结论可以看出，在传统的结构化数据与随时更新的非结构化信息并存的时代，在为研究提供丰富信息的同时，也对我们提出了严峻的挑战。结构化数据与非结构化信息具有不同的特点，前者“噪声”小、数据规范，但是数据往往有一定的滞后；而后者更新快、数据实时可得，但是信息“噪声”大、数据来源和形式多样化。很多研究经常涉及这两类信息的应用，所以对两类信息的研究是十分有意义的。我们应该对两类不同信息取精华、弃糟粕，合理利用，充分发挥两类信息的不同优势，提高研究准确性。

第8章　金融结构与经济发展

在我国大力推动金融改革降低金融风险的背景下，本章重新审视中国金融结构和海洋经济增长的关系，为合理安排金融结构、推动金融结构市场化改革提供实证证据。

8.1　文献研究

20世纪90年代以来，中国经济以两位数的年增长率快速发展，其中海洋经济的增长速度快于全国国民经济增长速度，海洋产业发展速度快于整体产业的发展速度。进入21世纪以来，伴随中国经济发展和资源需求的增长，政府适时调整了海洋经济发展战略。国家“十二五”规划将海洋经济提到了国家战略高度，与此同时，沿海地区已经相继提出海洋经济发展规划，“十二五”时期海洋经济将会有跨越式发展。海洋经济已经成为沿海地区区域经济发展的新的增长点。

推动供给侧结构性改革，是实现经济高质量发展目标的重要环节。当前，我国供给侧结构性改革已深入许多行业，金融领域目前便存在结构性问题，如实体部门债务和权益资本的结构失衡等。在此背景下，本章就我国金融结构和海洋经济增长的关系进行深入研究。

国内外学者对金融结构和海洋经济增长关系的研究，并没有一个统一的结论。一方面是因为在实证检验中使用的样本数据不同，另一方面是因为金融结构和经济都是动态变化的。我国金融业发展较迟，以银行为主的结构在经济发展的初期对经济增长起到显著作用，但近年来有学者研究指出存在过度发展的倾向。因此，随着我国经济发展阶段的变化，有必要重新审视金融结构和海洋经济增长两者之间的关系。

金融结构是各种金融工具和金融机构的形式、性质和相对规模，其随时间而变化（Goldsmith，1969）。Goldsmith（1969）提出以金融上层结构相对经济基础的规模、金融上层结构的构成和各类型金融机构的相对重要性作为衡量金融结构的指标。这主要是从宏观层面，即金融体系的总量上来衡量金融结构。周莉萍（2017）提出，金融结构的本质是资金传导至实体经济的方式。她对金融结构的理解从宏观层面转移到更中观和微观的层面。三者的差别在于研究主体的范围不同。李健（2005）指出，金融结构具有复杂性，各类结构本身并不是割裂存在的，而是相互影响的。比如以银行主导的产业结构会和以间接融资为主的融资结构、以货币型资产为主的资产结构相联系。这启示对金融结构需要有一个全方位的评价，将诸如产业结构、市场结构、融资结构、资产结构等方面有机联系起来去探究一国的金融结构。李健（2005）的研究给出了三个层次（微观、中观、宏观）和五个方位（产业结构、资产结构、融资结构、市场结构、开放结构）的、立体化的、能体现金融结构的指标体系，是对金融结构比较完整的阐述。

Goldsmith（1969）首先提出对经济增长中金融因素进行研究，认为金融结构在经济增长中存在重要作用，并提出衡量金融结构的概念框架，但他的研究受制于数据的限制。King & Levine（1993）使用1960—1989年80个国家的数据，证实了金融发展和经济增长之间的正相关关系。而后的研究，大概分为银行主导论和市场主导论两派。发达国家的实证结果更多支持市场主导论，发展中国家的实证结果更多指向银行主导论。

Rioja & Valev（2014）通过对跨国面板数据的检验，发现在低收入国家银行对资本积累具有相当大的积极影响，但在高收入国家，股票市场对生产率和资本增长均有十分强的积极影响，而银行仅影响资本积累。Kim等（2016）发现以小公司为主的行业在银行为基础的国家中增长更快，而银行是通过数量增加而非规模扩张来实现促进作用的。刘晓光等（2019）将经济增长和经济波动的权衡纳入分析框架，发现在OECD国家市场主导型金融结构能更有效地促进资源的最优配置，其中，股市是更为活跃的因素。此外，这种作用在依赖外部资金和中小型成长公司占比大的经济体中更为明显。张雪芳和戴伟（2019）指出虽然现在金融结构同金融效率和金融规模相比，对经济的促进作用最小，但当经济发展到一定阶段时，以直接融资为主的金融结构对经济的正向影响将显著提高。

虽然一些实证研究表明了金融结构和经济增长之间的积极关系，但2008年国际金融危机让人们开始怀疑金融深化给经济增长带来的好处是否如此（Beck，2012）。彭俞超（2015）检验了46个国家的面板数据，发现市场导向的金融结构对经济增长的作用呈倒U形曲线，但是他同时指出，大多数国家实际金融结构中市场作用偏离最优水平，因此各国市场导向的结构还是具有提升作用。Liu & Zhang（2018）运用我国1996—2013年29个省份数据，同样发现金融结构对经济增长的作用呈倒U形曲线，这证实了金融结构的作用在不同经济发展阶段的演化。张羽和赵晓梦（2018）从中国产业结构升级和技术密集型行业进展角度进行研究，发现金融结构的边际效应随不同产业特征而变化，在技术密集型产业中，金融结构对经济增长的效应呈现由负转正且增强的非线性特征。Benczur等（2019）在控制了融资结构的变动带来的影响后，发现非线性影响在高收入国家依然存在。此外，通过对融资来源和融资者的研究，他们发现银行信贷带来的非线性影响最显著，债券市场和股票市场对经济增长的作用也不同，对家庭的贷款会对经济增长产生负作用，而对非金融企业的贷款则有积极作用。可见，随着研究的深入和各国所处经济发展阶段的变化，两者关系出现非线性特征。

Kunt等（2011）运用来自OECD国家的数据，发现在不同的经济发展阶段，都存在与其相对应的最优金融结构。若当前的金融结构偏离其最优值，会带来经济产出的降低。我国学者林毅夫（2010）从不同的角度研究，主张一国的金融结构内生于它的要素禀赋和产业结构，金融结构应适应于该国当前的产业规模结构和经济发展需求。张成思和刘贯春（2016）主张最优金融结构是动态变化的，呈指数型演化趋势，银行主导和市场主导的金融结构不存在优劣比较，关键在于具体情况下哪种金融结构与实体经济相匹配。他们对96个国家的面板数据分析也支持不同金融结构之间存在互补关系，而不是相互替代，即各种类型的金融结构的完善或发展都对经济增长有正向影响。

8.2 现状分析

8.2.1 我国金融结构现状

1.金融产业结构

银行、保险、证券是中国金融业三大支柱。根据中国人民银行和银保监会发布的数据，三大产业的规模都有所增长，证券业发展更为迅速，2019年资产和负债的增速达到16.6%和20.4%；保险业次之，分别为12.2%和10.8%；银行业资产和负债规模的增速都是8.1%。就总量来看，银行业仍占据绝对优势，其资产和负债规模占比高达90%，而证券业的资产和负债规模在1%和2%左右（如图8-1所示）。

图8-1 2019年我国金融业的总资产和总负债

此外，银行业作为我国金融产业的最突出部分，近些年来其内部出现了商业银行经营同质化的问题。虽然我国已形成国有、股份制、地方性商业银行的结构体系，但是各银行在经营模式、服务对象、产品设定方面存在趋同现象，特别是中小银行，在不同程度上脱离了普惠金融的战略功能，过度追求扩张的速度和规模。这不仅阻碍了金融服务的普及，造成过度竞争，而且会加剧系统性风险，削弱银行体系的稳定性。

总的来看，我国金融产业有所发展，特别是形成了更加全面和多样的组织结构，但其内部规模结构有所失衡。银行业处于垄断的地位，且银行体系内部存在经营同质现象。保险业有所发展，但资产总量偏低。证券行业在规模上处于劣势，面临发展不足的问题。

2.金融市场结构

根据中国人民银行发布的《中国金融市场发展报告（2018）》，我国金融市场化改革逐步推进，具体表现为：债券市场更多发挥融资功能；股票市场发行规模上升，市场流动性显著提升（如图8-2所示）；衍生品市场产品结构更加完善，货币市场保持合理增速。从总体来看，我国金融市场结构趋向优化，形成了更加多样化的市场体系，未来还需进一步引导中长期资金更多流向资本市场，促进发挥衍生品市场功能。

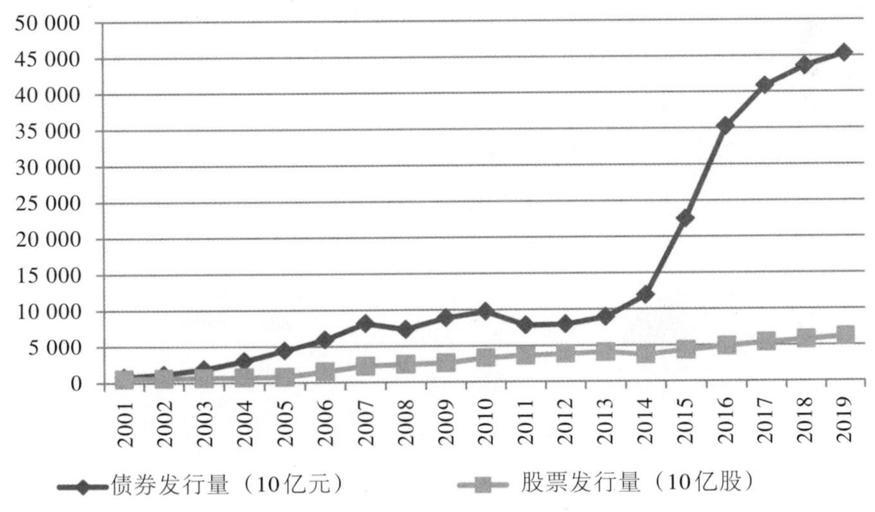

图8-2　2001—2019年我国债券发行量和股票发行量

3.融资结构

从中国社会融资规模增量（如图8-3所示）来看，以人民币贷款为主的间接融资是资金的主要来源。它在社会融资规模中的占比先下降，2011年占比最低（51.35%），之后回升至2019年的81.37%。在这18年间，股票融资的平均占比仅为3.39%，虽然融资规模有所上升，但是人民币贷款规模上升更快。

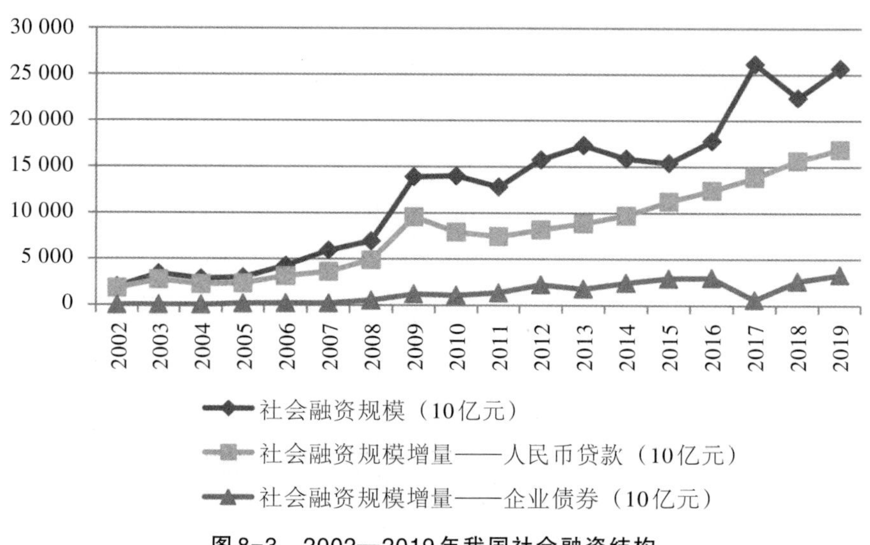

图8-3　2002—2019年我国社会融资结构

可以看到，我国企业的融资方式日益多样化，一定程度上降低了对间接融资的依赖。但是，直接融资发展较缓慢——贷款仍是企业融资的主要来源，企业的债务杠杆实际上进一步强化；债券市场一定程度上也依赖银行的投资，股票市场改革和发展有限。此外，不同所有制企业融资方式也各有侧重，国有企业挤出民营企业的中长期借款来源，民营企业贷款难度增大，更多依靠留存收益和股权融资。

8.2.2　我国海洋经济发展现状

1.海洋生产总值

数据资料显示，从2001年至2019年，中国的海洋生产总值一直呈现上升趋势（如图8-4所示）。海洋生产总值从2001年的0.95万亿元增长到2019年的8.9万亿元。而且，从2001年到2019年，海洋生产总值的年平均增长速度超过10%。

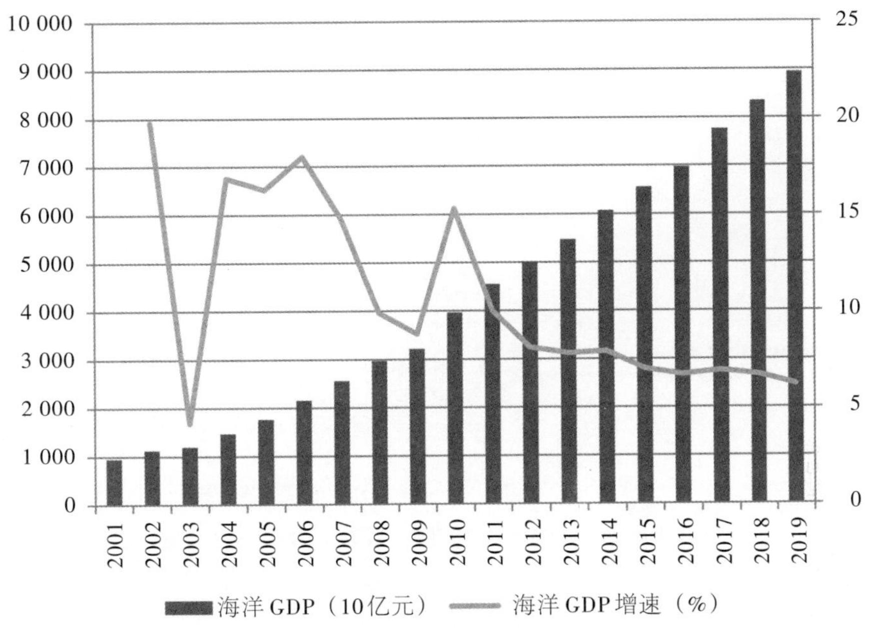

图8-4 2001—2019年我国海洋GDP和海洋GDP增速

2.海洋三大产业

数据资料显示，从2001年至2019年，海洋产业结构方面，第一产业比重不断缩小，第二产业比重有较大提升（如图8-5所示）。2003—2004年，海洋第三产业占比超过40%，第一产业和第二产业平分秋色，2005年，海洋第二产业及第三产业发展加速，第一产业占比下降为16.75%；2006—2010年，海洋第一产业占比维持在5%～6%，第二、第三产业占比则维持在47%以上；2011—2019年，海洋第三产业的占比超过海洋第二产业，成为海洋三大产业中的支柱产业。

3.海洋产品和海洋产业从业人员

如图8-6所示，海洋产业从业人员数一直呈现上升状态，2001年，中国主要海洋产业就业人员为719.1万人，到2016年该数据增长到1 236万人，翻了近1.7倍。

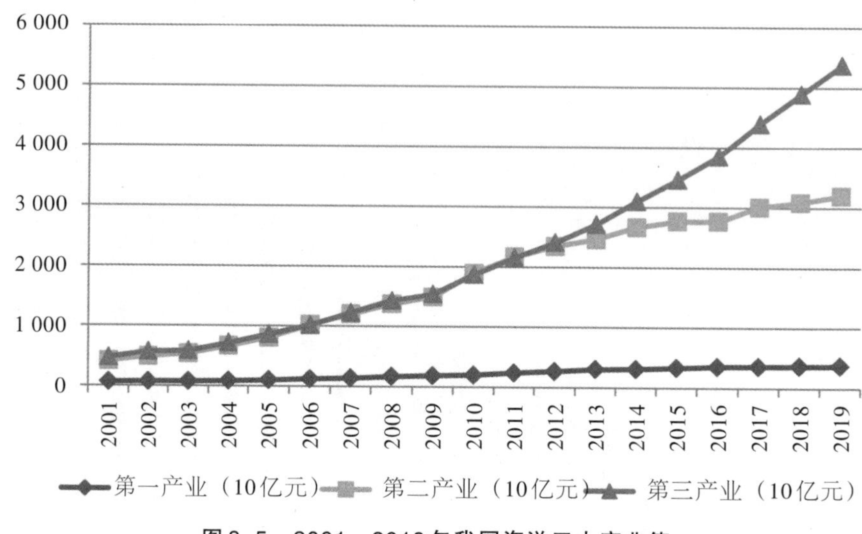

图 8-5 2001—2019 年我国海洋三大产业值

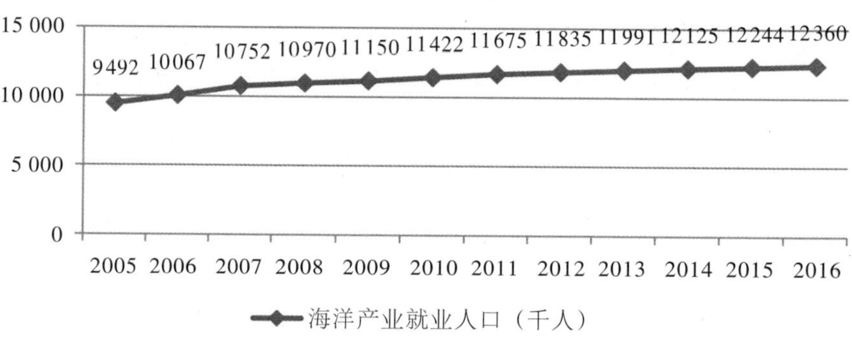

图 8-6 我国海洋产业就业人口数

8.3 实证研究

8.3.1 指标选取与数据来源

1. 金融结构指标

基于林毅夫（2019）的经济研究报告，针对我国当前面临融资结构的矛盾，本章主要从宏观层面的融资结构出发，检验中国各地区居民部门融资结构中贷款、债券和股票这三种渠道的规模在经济增长中的作用，以及当前处于主体地位的贷款是否和经济增长之间存在非线性关系。使用的主要指标为各地区社会融资规模中的贷款增量/社会融资规模增量，代表融资构成中贷款（间接融资）部分；社会融资规模中的企业债券增量/社会融资规模增量，代表融资构成中债券（直接融资）部分；社会融资规模中的股票融资额增量/社会融资规模增量，代表融资构成中股票（直接融资）部分。使用的数据主要来自中国人民银行。

2.经济增长指标

将T年的海洋生产总值的对数值（$\ln Y_{i,t}$）作为被解释变量。此处取对数，是出于海洋生产总值数据的数量级和其他变量相差过大，以及避免异方差性的考虑。本章所采用的海洋生产总值均为名义值，通过引入居民消费价格指数这一控制变量来消除通货膨胀的影响。使用的数据来自国家统计局。

3.控制变量

除了以上的变量之外，还需要考虑一系列影响经济增长的控制变量。市场开放程度，选取进出口总额/地区生产总值来表示；通货膨胀水平，选取居民消费价格指数来表示；政府规模，选取政府支出/地区生产总值来衡量；人力资本水平，选取地区财政性教育经费/地区生产总值来衡量。这些数据来自国家统计局。

关于以上所有变量的描述和构造总结在表8-1中。本章采用中国2001—2019年的年度数据作为样本。

表8-1 **变量的描述与数据来源**

变量符号	变量含义	变量的构造	数据来源
CRE	贷款增量规模	贷款增量/社会融资规模增量	中国人民银行
BOND	企业债券增量规模	企业债券增量/社会融资规模增量	中国人民银行
STO	股票市场规模	股票融资额增量/社会融资规模增量	中国人民银行
OPEN	市场开放程度	进出口总额/生产总值	国家统计局
CPI	通货膨胀水平	消费物价指数（上年=1）	国家统计局
EDU	人力资本水平	财政性教育经费/生产总值	国家统计局
MGDP	海洋生产总值	海洋生产总值的对数值	海洋统计年鉴

表8-2为所有变量的描述性统计结果。

表8-2 **变量的描述性统计结果**

	均值	最大值	最小值	标准差
MGDP	8.208255	9.098459	7.027359	0.679140
CRE	67.53257	91.86013	51.34654	11.18169
BOND	8.845808	19.07534	1.463392	5.485914
STO	3.201818	7.262810	1.129802	1.843485
OPEN	46.51561	64.36365	31.91659	10.92851
EDU	3.592756	4.307895	2.766686	0.594501
CPI	1.024167	1.059000	0.992000	0.017971

8.3.2 模型检验结果

1.单位根检验

数据平稳性检验方法是ADF检验法（Dickey & Fuller，1979）。利用软件分别做水平值、一阶差分的ADF检验，其中检验过程中的滞后长度由软件自动选取（SIC准则）。D（X）表示变量X的一阶差分。检验结果见表8-3。

由表8-3中的检验结果可知，在各检验方法下，各变量序列均为I（1）序列。因此，可以进行协整关系检验。

2.协整关系检验

在进行协整分析之前，我们对变量进行一阶差分后，确定其为平稳变量，这剔除了在协整检验过程中产生“伪回归”的可能性。接着对其进行OLS回归，并对残差进行ADF检验，从而确定变量之间的均衡关系（见表8-4）。

R^2为判定系数，通常用来度量回归线的拟合优度，本次检验中的R^2达到了92%以上，说明方程拟合程度很好；同时，F检验值也表明方程整体通过检验。

接下来将检验金融结构的三个融资渠道与海洋经济增长之间是否存在非线性关系，重新回归结果如表8-5所示。

表8-3 **单位根检验结果**

	T检验值	5%水平值	是否平稳
MGDP	-0.1946	-3.7105	否
D（MGDP）	-6.2806	-3.7332	是
CRE	-2.4051	-3.7105	否
D（CRE）	-4.4142	-3.7597	是
BOND	-3.0518	-3.7105	否
D（BOND）	-5.2485	-3.7595	是
STO	-3.7380	-3.7912	否
D（STO）	-3.9585	-3.7597	是
OPEN	0.1664	-1.9628	否
D（OPEN）	-2.2678	-1.9644	是
EDU	-1.7046	-1.9628	否
D（EDU）	-2.5312	-1.9644	是
CPI	-1.0196	-3.7597	否
D（CPI）	-6.9817	-3.7597	是

表8-4 **回归结果**

变量	系数	标准差	T值	P值
CRE	-0.021614	0.006077	-3.556478	0.0045
BOND	0.015854	0.019605	0.808678	0.4358
STO	-0.019861	0.039744	-0.499718	0.6271
OPEN	0.019382	0.019129	1.013237	0.3327
EDU	-0.442045	0.222785	-1.984181	0.0727
CPI	-6.968890	5.394900	-1.291755	0.2229
C	17.41512	4.632612	3.759244	0.0032
R-squared	0.9281	Mean dependent var		8.2083
Adjusted R-squared	0.8889	S.D. dependent var		0.6791
F-statistic	23.6991	Prob（F-statistic）		0.0001

表8-5 **非线性回归结果**

变量	系数	标准差	T值	P值
CRE	0.020690	0.037820	0.547062	0.5993
BOND	0.140873	0.028474	4.947496	0.0011
STO	0.123132	0.081077	1.518712	0.1673
CRE* CRE	−0.000226	0.000286	−0.788926	0.4529
BOND * BOND	−0.007654	0.001671	−4.579038	0.0018
STO* STO	−0.014815	0.009103	−1.627597	0.1423
OPEN	0.027488	0.012585	2.184210	0.0605
EDU	−0.605033	0.131538	−4.599673	0.0018
CPI	−10.12974	3.464300	−2.924037	0.0192
C	18.51227	3.611868	5.125401	0.0009
R-squared	0.9867	Mean dependent var		8.2083
Adjusted R-squared	0.9717	S.D. dependent var		0.6791
F-statistic	65.7518	Prob（F-statistic）		0.0000

上述回归结果表明金融结构的三个融资渠道与海洋经济增长之间确实存在非线性关系。人民币贷款、债券和股票融资与海洋经济增长之间存在正相关的关系，开放性指标与海洋经济增长正相关，而CPI与海洋经济增长之间则存在负相关关系。

8.4 结论与建议

8.4.1 结论

本章利用2001—2019年的数据，从宏观层面的融资结构和金融资产结构两个角度出发，对我国金融结构与经济增长的关系进行了实证检验。

研究结果表明，在加入二次项后，回归结果表明贷款、债券和股票对海洋经济增长存在倒U形的非线性影响，其对经济增长的边际效应是先增长后下降的，存在一个代表最优金融结构的转折点。随着融资增量的增长，其对经济增长的促进作用会先上升后下降，因此长期内我国会存在融资规模过度发展从而影响海洋经济增长的问题。

8.4.2 建议

以上结论存在一定的经济意义，具体可分为以下几点：

第一，推进金融结构的市场化改革。以银行为主导的金融结构在我国长期存在，但随着经济发展阶段的转变，存在更高风险的新兴产业崛起，直接融资更能满足其融资需求。因此，推进市场化改革，发展更加多元和多层次的资本市场，提高直接融资占比，能够为新兴产业发展提供及时、充足的资金来源。

第二，适度控制间接融资的规模，降低企业杠杆率。贷款融资规模扩张的边际作用是存在最优点的，当超过这个范围时，对经济增长的促进作用反而减弱。我国目前虽然还处在以贷款为主要的融资来源的阶段，但要注意将间接融资规模控制在一个合理的、平衡的范围内。因此，政府机构要加强对放贷的监管力度，金融机构要严格筛选贷款企业的资质，避免大量资金流向无还贷能力的企业导致坏账率攀升。

第三，加强对市场的监管，建立合理公正、有序竞争的市场。在市场化改革的进程中，由于监管不到位，杠杆率过高，不良资产上升等问题依然存在，这对金融市场的稳定形成极大的挑战。建立起完备的政策监督框架，提供稳定良好的制度环境，才能够实现转型期的平稳过渡。

第 3 篇　研究总结

第 9 章　结论与启示

9.1　研究结论

大数据时代，传统的结构化数据与随时更新的非结构化信息并存，在为研究提供丰富信息的同时，也对我们提出了严峻的挑战。结构化数据与非结构化信息具有不同的特点，前者“噪声”小、数据规范，但是数据往往有一定的滞后；而后者更新快、数据实时可得，但是信息“噪声”大、数据来源和形式多样化。本研究以利用互联网搜索行为预测宏观经济变量为例，关心的核心问题是在预测模型中如何处理传统的结构化数据和新兴非结构信息的关系。在现有大数据经济预测的相关研究中，或者侧重对非结构化信息的挖掘应用，或者对两类信息不加区别地利用，没有涉及对这两类信息关系的探讨及区别对待。而这又是一个十分重要的问题，因为人类在过去已经积累了一整套的经济统计体系，在根据统计数据进行预测和决策方面已经积累了丰富的经验。研究表明，两类信息各有其优缺点，我们应该有针对性地合理利用，充分发挥两类信息的不同优势。本研究的主要结论如下：

（1）通过比较多个线性预测模型发现，对于经济预测而言，如果仅使用互联网搜索行为，预测效果并不理想；但如果在政府统计变量的基础上，增加互联网搜索行为变量则可以帮助改进预测。其背后的机理是，一方面，新兴非结构化大数据信息往往包含了大量的“噪声”，就信息质量而言，相对于传统的统计数据具有明显劣势，但并不构成对传统统计数据的替代；另一方面，新兴非结构化大数据往往包括了传统统计调查数据所没有的其他信息，如最新的实时信息，因而是对统计数据的有益补充。

（2）本书提出的合理处理两类信息的“两步法”，指在首先充分使用结构化数据挑选模型的基础上，再加入非结构化信息进行变量挑选。通过比较多种线性预测模型，发现利用“两步法”进行模型选择时，可以得到更好的效果。这背后的机理在于，“两步法”保证了先对质量更好的统计数据的充分应用，同时发挥“噪声”较大的在线信息的有益补充作用。如果不加区分地将两类数据放在一起降维，则更可能将有用的统计指标剔除，从而降低了预测效果。

（3）研究同时表明，如果方法得当，就宏观经济预测而言，充分利用非结构化信息，特别是在线信息，可以提高预测的效果。因此，今后宏观经济预测应该更充分地利用在线数据等新的信息来源，提高经济预测和政策反应的时效性与准确性。两类信息综合利用与“两步法”的模型变量挑选方法不仅在宏观经济预测中有重要的应用价值，也可将其推广到诸如公共卫生、公共安全等利用大数据预测的其他方面。

（4）研究表明，利用大数据预测宏观经济，不仅可以大大提高时效性，还可以大大提高效率，减少人为干预因素。本研究利用实时在线大数据建立的实时消费者物价指数，初步实现了对消费者物价水平的实时预测，具有广阔的应用前景。

9.2 研究展望

综上所述，大数据时代极大地拓宽了信息来源，提高了获取信息的时效性，同时，新信息的非结构化对宏观经济分析的方法提出新的要求。大数据背景下，实时、快速、海量的数据为更加准确的宏观经济预测提供了可能，宏观经济预测的方法也必须适时更新，以提高宏观经济分析的准确性。与西方国家相比，中国目前在利用大数据进行宏观经济分析和预测方面还尚显薄弱，工作尚待加强。为了在大数据时代更好地发展经济，应该尽快建立和完善基于大数据的宏观经济预测模型，开发大数据上线软件，以尽早完成基于大数据的宏观经济预测分析系统，为宏观经济提供更及时、更准确的预测，为中国经济发展做出贡献，特别包括如下方面：

第一，加快对大数据与宏观经济相关领域的研究。政府和相关研究机构应该加大投入，开展相关科研或立项，为大数据与宏观经济分析的研究提供环境和宏观层面的支持。加大对大数据与宏观经济分析研究的机构与资金支持，培育相关人员，提高扶持力度。特别是在跨学科领域，目前正需要信息技术和经济学相关领域学者的合作，国家要采取措施创造其合作的机会。

第二，决策者应加快步伐，搭建平台，充分利用大数据服务于宏观经济政策制定。决策者要明确大数据带来的机会和挑战，摒弃旧俗，加快相关改革和变更，更新观念。应该整合资源跟进大数据时代的步伐，开发新技术、探讨新理论，及时应用大数据与宏观经济分析的研究成果改善宏观经济政策。

第三，科学合理的预测模型是经济政策合理的基础，中国应尽快建立一批基于大数据的宏观经济分析和预测模型，进一步开发大数据预测上线软件。为了更好、更及时地服务于中国经济，应该加快建立中国宏观经济分析模型，以使其更适应时代的要求。另外，要快速开发大数据预测上线软件，使宏观经济预测更早、更及时、更准确。应该充分利用新的数据资源，建立软件模型，搭建软件平台，利用机器学习，完成数据收集、处理、预测功能。伴随时间的推移，不断提高和改进模型，提高分析、预测的准确性，为宏观经济政策制定服务。

第四，加强大数据与宏观经济相关方面的学科与专业教育，培育相关人才。大数据与宏观经济分析离不开相关人才的培养。应该开设和加大信息科学技术和经济学结合的学科，建议建立经济数据分析新专业。应该开展相关的专业教育或继续教育，利用非学位教育渠道培养一批相关人才。鼓励条件成熟的学校开设经济数据分析专业的学位教育，开展本科和研究生的招生。

本研究还存在一些不足之处，在今后的研究中将继续深入探讨以下内容：首先，力争增加大数据的相关数据信息，为经济预警提供更多的数据资源；其次，在模型构建方面，力争将结构化、半结构化模型结合起来共同进行经济预警；最后，力争将大数据进行宏观经济预警的模型和机制应用到更广阔的研究领域。

参考文献

[1] Tsiatis A A, Ma Y Y. Locally efficient semiparametric estimators for functional measurement error models [J]. Biometrika, 2004, 91 (4): 835-848.

[2] Armah N A. Big data analysis: The next frontier [J]. Bank of Canada Review, 2013 (Summer): 32-39.

[3] Askitas N, Zimmermann K F. Google econometrics and unemployment forecasting [J]. Applied Economics Quarterly, 2009, 55 (2): 107-120.

[4] Bánbura M, Rünstler G. A look into the factor model black box: Publication lags and the role of hard and soft data in forecasting GDP [J]. International Journal of Forecasting, 2011 (27): 333-346.

[5] Xie B H, Pan W, Shen X T. Variable selection in penalized model-based clustering via regularization on grouped parameters [J]. Biometrics, 2008, 64 (3): 921-930.

[6] Bollen J, Mao H, Zeng X. Twitter mood predicts the stock market [J]. Journal of Computational Science, 2011 (1): 1-8.

[7] Brunnermeier M K. Deciphering the liquidity and credit crunch 2007-08 [R]. National Bureau of Economic Research, 2008.

[8] Castle J, Hendry D, Kitov O I. Forecasting and nowcasting macroeconomic variables: A methodological overview [J]. Economics Series Working Papers 674, University of Oxford, Department of Economics, 2013.

[9] Chem J. Comparison of overfitting and overtraining [J]. Information Computer Science, 1995 (35): 826-833.

[10] Choi H, Varian H. Predicting Initial Claims for Unemployment Benefits [EB/OL]. [2022-07-05]. http://citeseerx.ist.psu.edu/viewdoc/summary? doi=10.1.1.549.7927.

[11] Choi H, Varian H. Predicting the Present with Google Trends [EB/OL]. [2022-07-05]. http://www.doc88.com/p-194579523489.html.

[12] Choi H, Varian H. Predicting the Present with Google Trends [EB/OL]. [2022-07-05]. http://www.doc88.com/p-194579523489.html.

[13] Wang C Y, Pepe M S. Expected estimating equations to accommodate covariate measurement error [J]. Journal of the Royal Statistical Society Series B-Statistical Methodology, 2000 (62): 509-524.

[14] Francesco D. Predicting unemployment in short samples with internet job search query data [Z]. Munich Personal RePEc Archive Paper 18403, University Library of Munich, Germany, 2009: 1-17.

[15] Acemoglu D, Ozdaglar A, Tahbaz-Salehi A. Systemic risk and stability in financial networks [J]. The American Economic Review, 2015, 105 (2): 564 608.

[16] Davidson R, Mackinnon J G. Estimation and inference in econometrics [M]. Oxford: Oxford University Press, 1993.

[17] Dietz S. Big data impacts on stochastic forecast models: Evidence from FX Time Series [J]. Pakistan Journal of Statistics & Operation Research, 2013, 9 (3): 277-291.

[18] Bura E, Cook R D. Extending sliced inverse regression: The weighted chi-squared test [J]. Journal of the American Statistical Association, 2001, 96 (455): 996-1003.

[19] Elliott M, Golub B, Jackson M O. Financial networks and contagion [J]. The American Economic Review, 2014, 104 (10): 3115-3153.

[20] Caccioli F, Shrestha M, Moore C, et al. Stability analysis of financial contagion due to overlapping portfolios [J]. Journal of Banking & Finance, 2014 (46: 233-245.

[21] Liang F, Paulo R, Molina G, et al. Mixtures of g priors for Bayesian variable selection [J]. Journal of the American Statistical Association, 2008, 103 (481): 410-423.

[22] Casella G, Moreno E. Objective Bayesian variable selection [J]. Journal of the American Statistical Association. 2006, 101 (473): 157-167.

[23] Fan G L, Liang H Y, Shen Y. Penalized empirical likelihood for high-dimensional partially linear varying coefficient model with measurement errors [J]. Journal of Multivariate Analysis, 2016 (147): 183-201.

[24] Hastie T J, Tibshirani R J, Friedman J H. The elements of statistical learning data: Mining, inference, and prediction [M]. Second Edition. Berlin: Springer, 2008.

[25] Hendry D F, Hubrich K. Combining disaggregate forecasts or combining disaggregate information to forecast an aggregate [J]. Journal of Business and Economic Statistics, 2011 (29): 216-227.

[26] Liang H, Li R Z. Variable selection for partially linear models with measurement errors [J]. Journal of the American Statistical Association, 2009, 104 (485): 234-248.

[27] Zou H. The adaptive lasso and its oracle properties [J]. Journal of the American Statistical Association, 2006, 101 (476): 1418-1429.

[28] Dichev I D. Is the risk of bankruptcy a systematic risk? [J]. The Journal of Finance, 1998, 53 (3): 1131-1147.

[29] Buonaccorsi J. Measurement errors, linear calibration and inferences for means [J]. Computational Statistics & Data Analysis, 1991, 11 (3): 239-257.

[30] Buonaccorsi J P, Staudenmayer J. Statistical methods to correct for observation error in a density-independent population model [J]. Ecological Monographs, 2009, 79 (2): 299-324.

[31] Buonaccorsi J P. Measurement error in the response in the general linear model [J]. Journal of the American Statistical Association, 1996, 91 (434): 633-642.

[32] Fan J Q, Li R Z. Variable selection via nonconcave penalized likelihood and its oracle properties [J]. Journal of the American Statistical Association, 2001, 96 (456): 1348-1360.

[33] Kholodilin K A, Podstawski M, Siliverstovs B, et al. Google searches

as a means of improving the nowcasts of key macroeconomic variables [Z]. Discussion Paper of Diw Berlin, November, 2009.

[34] McAlister L, Srinivasan R, Kim M C. Advertising, research and development, and systematic risk of the firm [J]. Journal of Marketing, 2007, 71 (1): 35-48.

[35] Lütkepohl H. Forecasting with VARMA models [J]. Handbook of Economic Forecasting, 2006 (1): 287-325.

[36] Lee L F, Sepanski J H. Estimation of linear and nonlinear errors-in-variables models using validation data [J]. Journal of the American Statistical Association, 1995, 90 (429): 130-140.

[37] Liu Y. Big data and predictive business analytics [J]. Journal of Business Forecasting, 2014, 33 (4): 40-42.

[38] Lockner J. The impact of big data on data analytics [EB/OL]. [2012-02-20]. http://ibmdatamag.com /2012/02 /the-impact-of-big-data-on-data-analytics/.

[39] Zhu L X, Miao B Q, Peng H. On sliced inverse regression with high-dimensional covariates [J]. Journal of the American Statistical Association, 2006, 101 (474): 630-643.

[40] Mayer-Schonberger V, Cukier K. Big data: A revolution that will transform how we live, work and think [M]. London: John Murray, 2013.

[41] McLaren N, Shanbhogue R. Using internet search data as economic indicators [J]. Bank of England Quarterly Bulletin, 2011 (Q2): 134-140.

[42] Reilly M, Pepe M S. A mean score method for missing and auxiliary covariate data in regression-models [J]. Biometrika, 1995, 82 (2): 299-314.

[43] Pepe M S, Reilly M, Fleming T R. Auxiliary outcome data and the mean score method [J]. Journal of Statistical Planning and Inference, 1994, 42 (1-2): 137-160.

[44] Penna N D, Huang H.Constructing a consumer confidence index for the US Using web search volume [Z]. Working Paper, 2009.

[45] Dai P J, Ding X B, Wang Q H. Dimension reduction based linear surrogate variable approach for model free variable selection [J]. Journal of Statistical Planning and Inference, 2016 (169): 13-26.

[46] Gai P, Kapadia S.Contagion in financial networks [C] // Proceedings of

the Royal Society of London A: Mathematical, Physical and Engineering Sciences, page rspa20090410. The Royal Society, 2010.

[47] PriceStats uses online prices to calculate innovative economic indicators [EB/OL]. [2015-10-20]. http://www.pricestats.com/approach/overview.

[48] Wang Q H . Estimation of partial linear error-in-variables models with validation data [J]. Journal of Multivariate Analysis, 1999, 69 (1): 30-64.

[49] Wang Q H. Estimation of linear error-in-covariables models with validation data under random censorship [J]. Journal of Multivariate Analysis, 2000, 74 (2): 245-266.

[50] Wang Q H, Rao J N K. Empirical likelihood-based inference in linear errors-in-covariables models with validation data [J]. Biometrika, 2002, 89 (2): 345-358.

[51] Wang Q H. Dimension reduction in partly linear error-in-response models with validation data [J]. Journal of Multivariate Analysis, 2003, 85 (2): 234-252

[52] Carroll R J, Knickerbocker R K, Wang C Y. Dimension reduction in a semiparametric regression-model with errors in covariates [J]. Annals of Statistics, 1995, 23 (1): 161-181.

[53] Hamada R S. The effect of the firm's capital structure on the systematic risk of common stocks [J]. The Journal of Finance, 1972, 27 (2): 435-452.

[54] Feng S Y, Xue L G. Bias-corrected statistical inference for partially linear varying coefficient errors-in-variables models with restricted condition [J]. Annals of the Institute of Statistical Mathematics, 2014, 66 (1): 121-140.

[55] Schlegel G L. Utilizing big data and predictive analytics to manage supply chain risk [J]. Journal of Business Forecasting, 2014, 33 (4): 11-17.

[56] Simeon V, Torsten S. Forecasting private consumption: Survey-based indicator vs Google trends [J]. Journal of Forecasting, 2011 (10): 1002-1013.

[57] Simeon V, Torsten S. A monthly consumption indicator for Germany based on internet search query data [J]. Applied Economics Letters, 2012, 19 (7): 683-687.

[58] Suhoy T. Query indices and a 2008 downturn：Israeli data [C]. Bank of Israel Discussion Paper No. 2009-06，2009.

[59] Tosteson T D，Buonaccorsi J P，Demidenko E，et al. Measurement error and confidence intervals for ROC curves [J]. Biometrical Journal，2005，47 (4)：409-416.

[60] Surowiecki J. A billion prices now [N]. The New Yorker，2011-05-30.

[61] Webb G K.Internet search statistics as a source of business intelligence：Searches on foreclosure as an estimate of actual home foreclosures [J]. Issues in Information Systems，2009，10 (2)：82-87.

[62] Stute W，Xue L G，Zhu L X. Empirical likelihood inference in nonlinear errors-in-covariables models with validation data [J]. Journal of the American Statistical Association，2007，102 (477)：332-346.

[63] Wu L，Brynjolfsson E.The future of prediction：How Google searches foreshadow housing prices and quantities [Z]. Phoenix：Thirtieth International Conference on Information System，2009：1-14.

[64] Lin X H，Carroll R J. Nonparametric function estimation for clustered data when the predictor is measured without/with error [J]. Journal of the American Statistical Association，2000，95 (450)：520-534.

[65] Ni X，Zhang D W，Zhang H H. Variable selection for semiparametric mixed models in longitudinal studies [J]. Biometrics，2010，66 (1)：79-88.

[66] Huang X Z，Zhang H M. Variable selection in linear measurement error models via penalized score functions [J]. Journal of Statistical Planning and Inference，2013，143 (12)：2101-2111.

[67] Ma Y Y，Li R Z. Variable selection in measurement error models [J]. Bernoulli，2010，16 (1)：274-300.

[68] Xiao Y T，Tian Z，Sun J. Empirical likelihood dimension reduction inference for partially non-linear error-in-responses models with validation data [J]. Communications in Statistics-Theory and Methods，2016，45 (24)：7103-7118.

[69] 国家统计局城市社会经济调查司. 解读CPI100问 [M]. 北京：中国统计出版社，2009：107-110.

[70] 国家统计局. 居民消费支出分类 [EB/OL]. [2022-05-01]. http：//www.stats.gov.cn/tjsj/tjbz/201310/P020131021349384303616.pdf.

[71] 国家统计局住户调查办公室. 2015中国住户调查年鉴 [M]. 北京：中国

统计出版社，2015.

[72] 刘汉，刘金全. 中国宏观经济总量的实时预报与短期预测—基于混频数据预测模型的实证研究 [J]. 经济研究，2011 (3)：4-6.

[73] 刘涛雄，徐晓飞. 大数据与宏观经济分析研究综述 [J]. 国外理论动态，2015 (1)：57-64.

[74] 刘涛雄，徐晓飞. 互联网搜索行为能帮助我们预测宏观经济吗? [J]. 经济研究，2015 (12)：68-83.

[75] 中国网络空间研究院. 中国互联网20年发展报告 [J]. 网络传播，2015 (12)：26-28.

索引